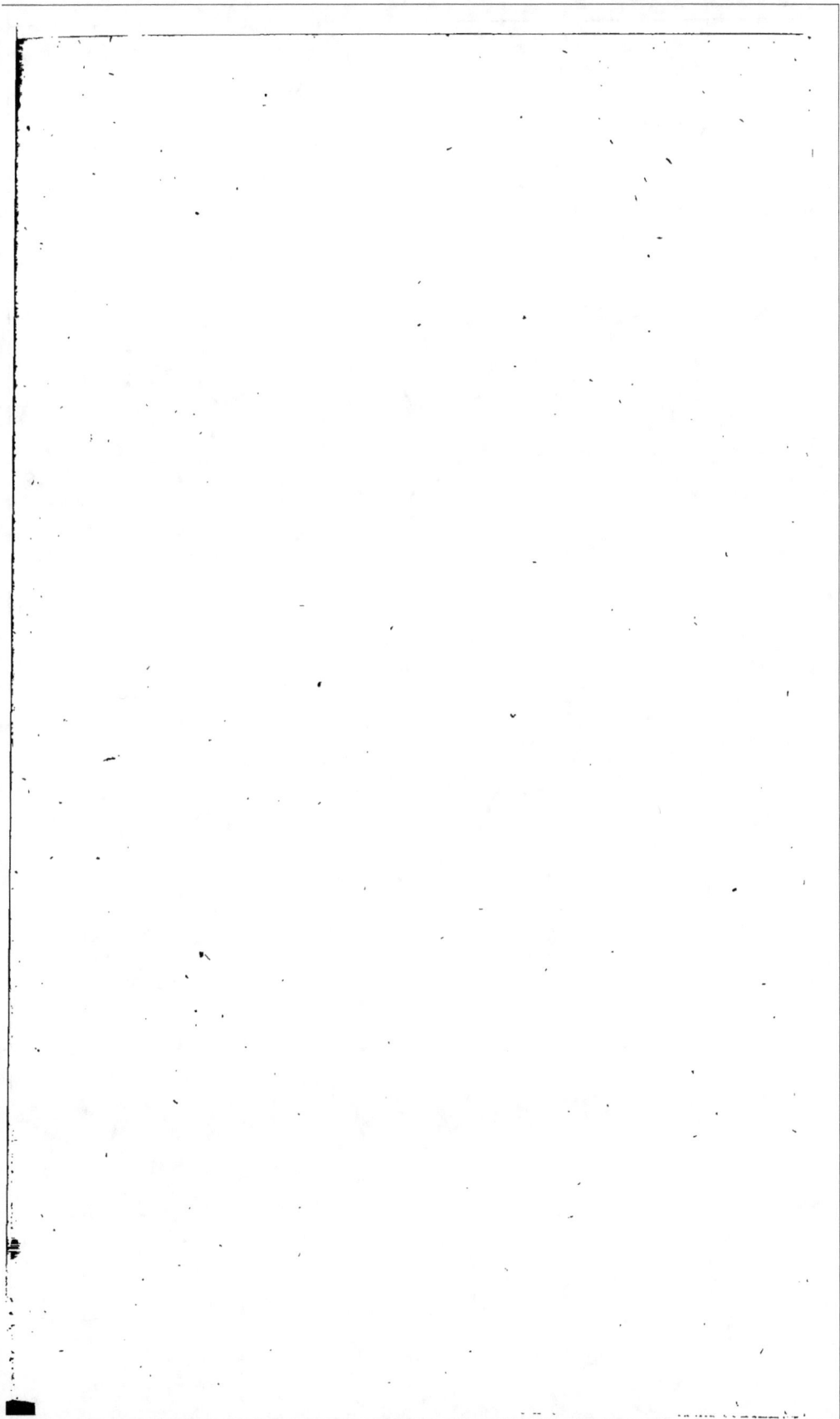

HISTOIRE DE L'HOTEL

DE

LA PRÉFECTURE

D'AGEN

PAR

M. Alp. PAILLARD

PRÉFET DU DÉPARTEMENT DE LOT-ET-GARONNE

~~~

AGEN

IMPRIMERIE DE PROSPER NOUBEL

—

1860

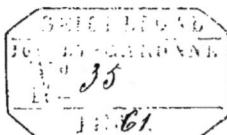

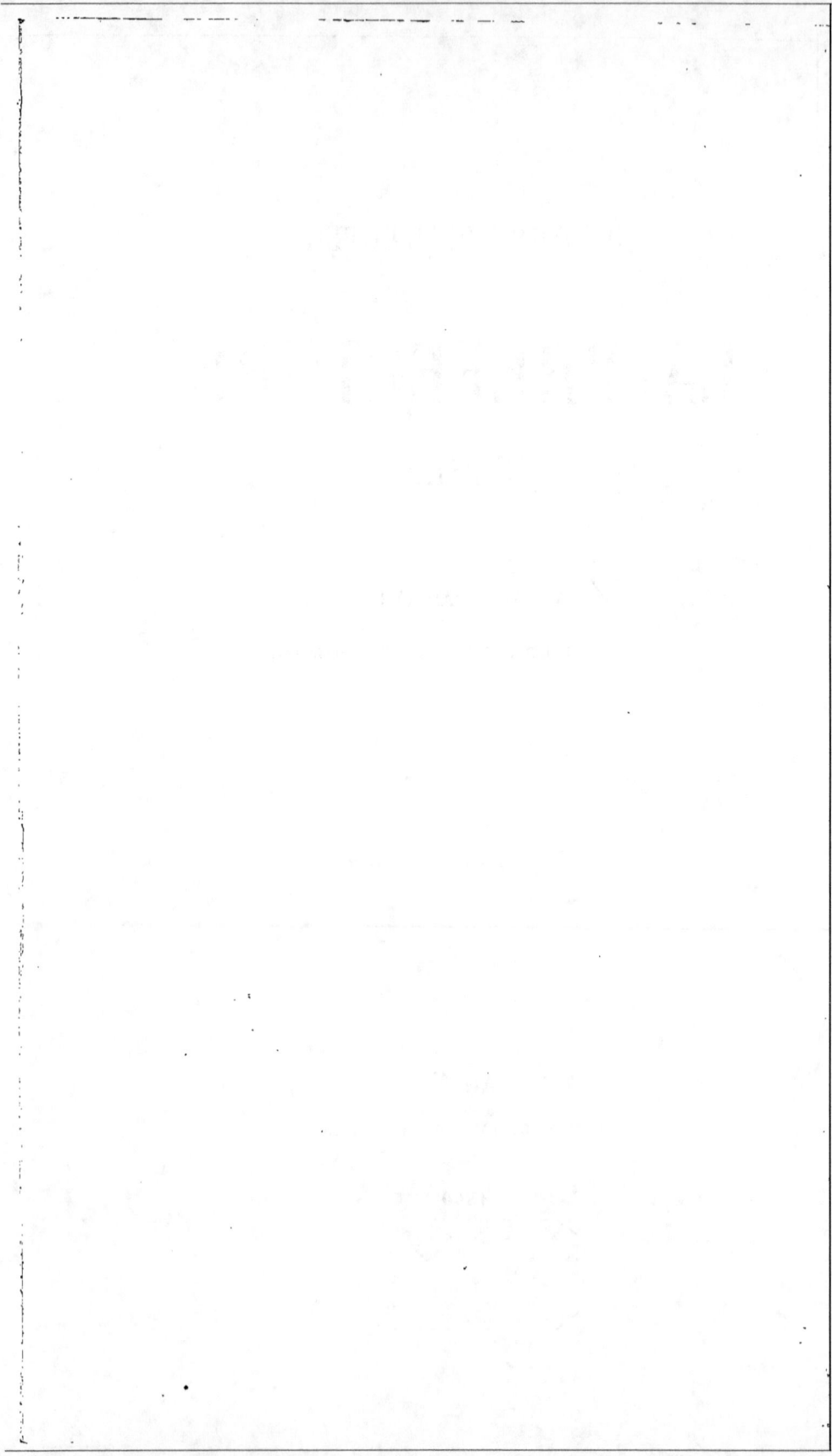

HISTOIRE DE L'HOTEL

DE LA PRÉFECTURE

D'AGEN.

A défaut de monument proprement dit, la ville d'Agen possède un vaste édifice que la grandeur et l'élégance de ses proportions recommandent à l'attention du voyageur, et l'importance des événements qui s'y sont succédé depuis près d'un siècle, à l'intérêt de l'histoire.

J'ai pensé que le patriotisme local n'accueillerait pas sans quelque curiosité les notes rapides qu'un des hôtes de passage de l'Hôtel de la Préfecture d'Agen a recueillies sur cet ancien palais des Évêques-Comtes, devenu tour à tour l'Ecole centrale du département de Lot-et-Garonne, le palais de la 11e cohorte de la Légion-d'Honneur, le siége enfin de l'Administration départementale depuis 1809.

Jusqu'au dernier tiers du xviiie siècle, les évêques d'Agen habitaient au pied de la vieille cathédrale de Saint-Étienne, à l'endroit où est maintenant la place du Marché-au-Blé. Le 22 juillet 1773, le mur de façade de ce sombre édifice s'écroula avec fracas,

entre cinq et six heures du matin. Personne ne périt sous les
ruines : mais, le palais était désormais inhabitable et il fallut
songer à le reconstruire.

Jean-Loūis d'Usson de Bonnac était alors évêque d'Agen.[1] Ce
prélat élégant, grand seigneur, élevé dans la royale atmosphère
de Versailles, n'avait garde de songer à rebâtir son palais dans
l'étroite enceinte du vieil Agen, à l'ombre de la gothique église
qui, depuis des siècles, abritait ses prédécesseurs. Le temps des
forteresses féodales était passé pour les évêques comme semblait
l'être celui des catacombes, où l'Église de France allait bientôt
redescendre et se retremper.

Quelques années après la chûte de l'ancienne demeure épiscopale, sortit de terre un splendide édifice, un palais vraiment celui-
là, et que pouvaient envier les grandes métropoles de Bordeaux
et de Toulouse.

Pour le construire, Mgr de Bonnac avait résolument abandonné l'Agen du moyen-âge. Franchissant les rues tortueuses,
les remparts en ruine de la ville, il avait été, dans le faubourg
de Malconte, en face de la Porte-Neuve et de la Plate-Forme, de-
mander au sol de l'*Aginnum* romain l'espace et le libre horizon
dont il avait besoin.

Le terrain sur lequel s'éleva l'Évêché appartenait aux Lazaristes, établis à Agen sous l'épiscopat de Mgr Joly, et qui, depuis
quatre-vingt-dix ans, occupaient le vaste séminaire dont Masca-
ron avait posé la première pierre, le 27 mai 1684. M. de Bonnac
se fit céder par le Supérieur-Général de la congrégation de la Mission un pré et une partie de l'enclos du Séminaire, moyennant

---

[1] Jean-Louis d'Usson de Bonnac, né à Soleure, le 2 février 1734, fils du marquis Jean-Louis, Commandeur, Grand-Croix de Saint-André, ambassadeur de
France en Suisse, et de Françoise-Madeleine de Goutaud-Biron, l'aînée des filles
du maréchal, grand-vicaire de Bourges en 1757, évêque d'Agen le 1er novembre
1767, sacré le 14 février 1768, député aux Etats-Généraux de 1789, mort à
Paris le 11 mars 1821 avec le titre de premier aumônier du Roi.

une rente annuelle de 500 livres et la redevance à perpétuité d'un calice dû par ses successeurs à chaque mutation, le jour même de leur prise de possession, et d'une valeur de 500 livres. Il fut en outre stipulé qu'au cas où les prêtres de la Mission viendraient à quitter la direction du Séminaire d'Agen, la rente et la redevance appartiendraient toutes deux à leur maison de Notre-Dame de la Rose, près de Sainte-Livrade, où la duchesse d'Aiguillon les avait installés sous l'épiscopat de Gaspard de Daillon du Luc (1631-1635), et à défaut de celle-ci, à telle autre maison et communauté de leur congrégation qu'il plairait au Supérieur-Général d'indiquer. L'acte, dont l'original paraît avoir disparu avant 1790, est du 12 avril 1774.[1]

Le 19 juin 1775, la première pierre du palais épiscopal fut solennellement posée par Mgr de Bonnac. L'Évêque portant un tablier de taffetas blanc, garni d'une crépine d'or, était entouré d'un grand nombre d'ouvriers en armes. Il avait à ses côtés le comte de Fumel, commandant-militaire de la place d'Agen; le maire, M. de Raymond; M. de Varennes, lieutenant de maire; les consuls en charge; les comtes de Narbonne et de Valence; le marquis de Châteaurenard; le marquis de Flamarens; le baron de Trenquelléon; le comte de Lacépède, dont le fils allait bientôt illustrer le nom; l'abbé de Vérone, en un mot tout ce que la ville réunissait de vieille noblesse et de grandes situations. On lui présenta la truelle et les outils de maçon, fabriqués pour la cérémonie et, au bruit d'une symphonie exécutée par les amateurs d'Agen, le prélat scella la première pierre. Il y déposa quelques pièces de monnaie et une plaque métallique à ses armes, portant la date du millésime, le nom de l'Architecte et une inscription commémorative ainsi conçue :

_____

[1] Copie de l'inventaire des biens du Séminaire du diocèse d'Agen, fait le 29 juillet 1790, § 17 (Archives de la Préfecture). La copie seule de l'acte du 12 avril 1774 put être représentée aux officiers municipaux chargés de l'inventaire.

VRBANIS

EPISCOPORVM AGINNENSIVM

ÆDIBVS

VETVSTATE COLLAPSIS

HAS EXTRA MVROS RESTITVI CVRAVIT

REVERENDISS. IN XPO PATER

DD. JOANNES LVDOVICVS D'VSSON DE BONNAC

EPISCOPVS ET COMES AGINNENSIS

PRIMVM LAPIDEM POSVIT XIII KAL. JVL.

M. DCC. LXXV.

Puis, il laissa sur la pierre 20 louis d'or qui furent distribués entre les ouvriers, et le cortége reprit le chemin de la ville.[1]

Le terrain dans lequel allaient être creusés les fondements du palais, était tout semé de vestiges de l'antiquité. C'était l'emplacement de l'ancienne ville où la pioche ne pouvait remuer le sol sans mettre au jour des débris de constructions. Deux ans auparavant, on avait trouvé, à quelques pas de distance, les restes d'un amphithéâtre dont la pierre fondamentale recouvrait encore des médailles romaines, parmi lesquelles on pouvait distinguer celles de Commode.[2] En fouillant les fondations de l'Évêché, on découvrit également, à deux mètres de profondeur, une centaine de médailles de bronze de différents modules. Plus tard, lorsque, sous la préfecture de M. Brun, on creusa l'étang qui existe aujourd'hui dans le jardin, le sol romain reparut également à la

---

[1] Labrunic, *Abrégé chronologique des Antiquités d'Agen*, 1792 (Copie manuscrite de M. Proché, appartenant à M. de Lugat, pag. 200).— Manuscrit de Malebaysse, pag. 538. — Je dois en outre de précieux renseignements sur la construction du palais à M. Jules SERRET, qui a recueilli des documents de toute sorte sur l'*Histoire et la Statistique du département*.

[2] Argenton, 1re *Dissertation*.

profondeur de deux mètres environ, et les ouvriers recueillirent une grande quantité d'antiquités, médailles, ustensiles de bronze ou de verre, poteries, etc.[1]

Les plans de résidence épiscopale avaient été dressés par un des meilleurs élèves de Soufflot, l'ingénieur Leroy. Dessinateur habile, talent souple et alerte, Leroy était un cadeau du duc d'Aiguillon à son ami Mgr de Bonnac. Le duc l'avait fait venir de Paris pour rebâtir son château seigneurial et diriger les vastes projets d'amélioration qu'il avait conçus pour ses domaines de Guyenne. Mais, lorque le vieux manoir épiscopal vint à s'écrouler, le duc d'Aiguillon, témoin des embarras du prélat, s'empressa de lui céder son architecte, ajourna ses propres plans et exigea que le palais eût le pas sur le château. L'évêque hésitait à accepter cette offre obligeante et ce fut quelque temps entre les deux grands seigneurs une lutte galante d'exquise courtoisie et de politesse raffinée, sorte de saluts de Fontenoy, où l'avantage en fin de compte resta, comme cela devait être, au ministre de Louis XV.

Monseigneur dut donc passer le premier et Leroy se mit à l'œuvre. Ses plans, revus et corrigés de la main même de l'architecte du Panthéon, furent adoptés aux applaudissements de toute la petite cour épiscopale, et bientôt s'éleva ce palais, dont la svelte et fine architecture rappelle si bien celle du château d'Aiguillon et les autres œuvres du même maître.

Deux vues perspectives, dessinées par Bouvier en 1783 et conservées à la Préfecture, permettent de rétablir dans son intégrité l'aspect primitif du palais épiscopal et du paysage dont il allait devenir la décoration principale.[2]

---

[1] La plupart se trouvent aujourd'hui en la possession de M. Bourrière, architecte du département, et de Mme Garnier, fille de M. Brun.

[2] Des deux dessins de Bouvier, l'un porte pour légende l'inscription latine rapportée par Labrunie et déposée dans les fondations du palais; l'autre a une légende française que je copie textuellement :

Le palais épiscopal, situé dans la ville, étant tombé de vétusté le 22 juil-

Des remparts démantelés séparent l'Évêché de la ville. En face se dressent les tours croulantes de la Porte-Neuve ; puis, en allant de la droite à la gauche, la haute nef de la cathédrale avec ses puissants arcs boutants, sa façade moderne et la flèche bizarre qui surmonte son massif clocher ; l'humble tour du Collége, l'aiguille de l'Annonciade et son chœur aux vastes proportions, la tour carrée de l'Hôtel-de-Ville, la pointe aigue des Carmélites, Saint-Hilaire avec son toit écrasé et son clocher hexagone fondé sur les vieilles tours carlovingiennes à demi-ruinées par les Northmans ; tout à l'entour, les Cordeliers et les Augustins ; enfin, à l'extrême gauche, les Jacobins et les Pénitents-Bleus, et, à l'horizon, dominant la ville, la croupe blanche et dénudée des collines calcaires de l'Hermitage.

Une allée de jeunes ormes, infléchie à l'entrée, joint le palais à la ville. Sur la droite, au milieu des champs, on remarque l'enclos de Malconte et quelques fermes éparses : à gauche, les masures qui marquent l'entrée de la rue Lamouroux, les habitations du faubourg Porte-Neuve, pressées au pied du rempart : tout contre l'Évêché, le Séminaire dont les deux ailes antérieures manquent et ne sont indiquées que par des pierres d'attente : enfin, un peu plus loin, l'église rustique des Petits-Carmes.

Quant aux grandes lignes du palais, elles n'ont pas changé. Deux choses seulement ont disparu : c'est la fine et robuste balustrade qui courait le long de la toiture, en faisant le tour des bâtiments, et l'écusson épiscopal qui s'élevait en trophée au-dessus de la porte d'honneur.

Le palais épiscopal présente au nord, du côté de la ville, un développement de 90 mètres. Sur ce point, la façade, avec son soubassement de 2^m 30 environ de hauteur, son rez-de-chaussée

---

let 1773, Jean-Louis d'Usson de Bonnac, évêque et comte d'Agen, n'aient pû trouver de terrain dans la ville pour le rebâtir, a choisi celui cy et y a posé la première pierre le 17 juin 1775.

élevé et son premier étage, percés de 31 ouvertures, est partagée en trois parties inégales faisant face, celle du centre à la cour d'honneur, les deux autres à la cour des communs et à un petit parterre remplacé depuis par des constructions maussades et sans goût. Le motif principal de la partie centrale consiste dans un avant-corps, placé dans l'axe du grand portail. Au-dessus d'un vaste perron droit, à deux paliers, s'élève un porche extérieur dont les quatre colonnes d'ordre dorique, posées sur des piédestaux carrés et sans corniche, supportent un large balcon. Au premier étage, quatre pilastres d'ordre ionique continuent la ligne des colonnes du rez-de-chaussée et supportent un fronton triangulaire dans le tympan duquel se détachait l'écusson de l'Évêque. A droite et à gauche de l'avant-corps, dans toute la partie qui regarde la cour d'honneur, la ligne est brisée par la saillie légère des avant-corps dont les angles se distinguent par des pilastres à refends, montant du fond jusqu'à la corniche du couronnement. Tout le mouvement, toute la décoration ont été réservés pour cette partie : l'aile de l'ouest, avec ses huit fenêtres, celle de l'est, avec ses cinq ouvertures, sont systématiquement sacrifiées : l'absence d'avant-corps, le choix inférieur des matériaux, tout indique un parti pris que l'architecte n'a pas craint d'accuser nettement et qui forme contraste avec la décoration du centre.

Il y a là une faute franchement avouée, mais une faute. Nous en expliquerons tout à l'heure la raison ; mais, quelque plausible qu'elle paraisse, quelque pur que soit le dessin du pavillon central, quelque imposante que soit cette longue ligne droite à laquelle il ne manque que la symétrie pour être vraiment monumentale, ces masses inégales choquent et ne satisfont ni l'œil ni l'esprit.

C'est du côté du jardin que le palais de M. de Bonnac se révèle comme une des œuvres achevées de l'architecture noble et facile du règne de Louis XVI. Là, tout est régulier, harmonieux. Au centre, une demi-rotonde à pans coupés se détachant vigoureuse-

ment sur la large terrasse à laquelle se relie un vaste perron :
à droite et à gauche, un double corps décoré comme la façade
principale du nord et qui se replie sur la longueur du bâtiment :
enfin, les deux ailes formant le plan sur lequel se projettent ces
masses à la fois élégantes et solides. Les lignes s'engendrent
d'elles-mêmes, le mouvement produit le mouvement; c'est la va-
riété dans l'unité, un mélange de simplicité et de coquetterie qui
fait songer à la Muette, à Compiègne, à tous ces charmants édifices de la fin du XVIIIᵉ siècle, palais et maisons de campagne à la
fois, qui semblent un écho dans l'art de la littérature sentimen-
tale et descriptive de l'époque.

Quatre parterres à la française, coupés par des allées droites,
un bois de tilleuls et des charmilles plantées dans un coin, com-
plétaient l'agrément de cette habitation seigneuriale. Au fond,
dans un des dessins de Bouvier, figure un temple grec placé en
face de la rotonde du palais, et dont sept jets d'eau rafraîchissent
les abords : mais, ce n'est là que de l'architecture de fantaisie.
Jamais ce projet ne fut exécuté. Pour réaliser le rêve de l'artiste,
il ne manquait que deux choses : l'argent et l'eau.

Tel est le remarquable édifice dont nous esquissons l'histoire.
On a souvent cherché à expliquer la bizarre disposition que présente ce bâtiment, dédoublé pour ainsi dire dans toute sa longueur et formé de deux parties juxtà-posées, indépendantes, dont
les axes et les façades semblent appartenir à deux constructions
étrangères l'une à l'autre. L'explication est bien simple. Dans
toute cette affaire, M. de Bonnac avait agi, comme la plupart
des grands seigneurs entraînés par leur architecte au-delà de
leurs prévisions, en riche impatient et malaisé. Chose à peine
croyable, il avait jeté en terre les fondements de son hôtel avant
de s'être assuré une issue du côté de la ville. Les constructions
commencées, on s'aperçut, un peu tard, de l'étourderie commise.
On voulut négocier : les voisins se montrèrent intraitables. Tout
arrangement fut impossible, et voilà pourquoi l'architecte, au
lieu de placer l'entrée septentrionale du palais au centre des bâti-

ments, se résigna à la reculer vers la gauche. Ainsi qu'il arrive souvent, l'erreur artistique n'est au fond qu'une erreur financière. Ce n'est qu'en 1784, un an après qu'il était déjà installé dans son palais, que M. de Bonnac conclut avec le sieur Teulère l'acte par lequel ce dernier lui cédait une partie de son jardin pour y faire passer l'avenue étroite, oblique, que depuis cinquante ans chacun s'efforce de redresser et qui laisse encore tant à désirer aujourd'hui. Il fallait d'ailleurs que l'évêché fût bien embarrassé au milieu de ses énormes dépenses. Si faible que fût le prix du jardin de Teulère, il résulte des registres du district qu'en 1791, il n'avait encore rien reçu depuis la vente de son petit lopin de terre. Lorsque la révolution éclata, le pauvre diable prit l'alarme et réclama à Monseigneur intérêts et capital. Mais, pour l'évêque lui-même, le moment des grands sacrifices était venu. Le 28 mars 1791, il écrivit à Teulère que sa réclamation était juste, mais qu'elle ne le regardait plus, et qu'il devait s'adresser à la municipalité pour se faire rendre son terrain ou en être dédommagé. Une expertise fut ordonnée, le 18 octobre 1791, par le district. Mais, Teulère ne vit pas la fin de son affaire, et ce n'est que sous le consulat qu'une décision du ministre des finances, en date du 28 prairial an IX, la termina en confirmant un arrêté du préfet, délivré le 24 nivose, et qui ordonnançait, au profit de la veuve Teulère, une somme de 180 francs pour la valeur du terrain distrait du jardin de son mari.[1]

Il m'a été impossible de me procurer des documents positifs sur le prix que dut coûter cette vaste construction. On sait seulement que le Conseil d'Etat avait permis à M. de Bonnac de faire pour cet objet un emprunt de 100,000 livres à rente constituée, remboursable par vingtièmes sur les revenus de l'évêché et

---

[1] Reg. des délibér. du district d'Agen du 8 oct. au 26 déc. 1791, séance du 18 octobre. — Décision du min. des finances du 28 prairial an IX (Arch. de la Préfecture).

d'y appliquer le produit de la vente et des matériaux de l'ancien palais. Les cent mille livres n'ayant pas suffi, il fallut plus tard recourir à un second emprunt de 80,000 livres, autorisé dans les mêmes conditions. La vente des écuries du vieil Évêché, des chais et de la chapelle construite au-dessus, qui eut lieu le 7 janvier 1778 au greffe du présidial, pardevant le lieutenant-général, produisit 16,300 livres. Le corps de ville acheta plus tard, pour 10,000 livres, l'emplacement du palais et les bâtisses qui s'y trouvaient encore. Quant aux matériaux provenant de la démolition de l'antique édifice, ils furent transportés au nouveau palais épiscopal.[1] Les ressources réunies par M. de Bonnac représentaient donc un total de 210,000 livres au plus, bien inférieur sans doute à la dépense, si l'on songe à l'étendue du plan et à l'énormité des frais occasionnés par le mauvais état des routes et les exigences des ouvriers exercés qu'il fallut appeler du dehors. Labrunie calculait la dépense à 300,000 livres. On peut hardiment la porter à 500,000, c'est-à-dire à un million de notre monnaie. Les libéralités de la cour pourvurent en partie au déficit. Lorsque la Révolution éclata quinze ans après, la dette épiscopale était loin d'ailleurs d'être éteinte. Ce fut une des ruines qui disparurent dans l'incendie commun.

M. de Bonnac prit possession du nouveau palais en 1783. Son appartement et les archives de l'Évêché occupaient la gauche du rez-de-chaussée; à droite, près des communs, se trouvait la chapelle, long parallélogramme qui depuis a subi bien des transformations : tour à tour, bibliothèque de l'Ecole centrale, bibliothèque municipale, salle du conseil général, salle électorale, salle du conseil de révision, salle de cours, de banquets, que sais-je? Au

<hr>

[1] Manuscrit de Malebaysse, p. 545. — Procès-verbal d'acquisition des bâtisses et de l'emplacement du palais par la municipalité, en date du 18 mars 1782 (Arch. de la Préf.).

premier étage logeait le vicaire-général. Le secrétaire de Monseigneur occupait un des deux pavillons qui accompagnent le portail; l'autre était la loge du suisse. Les cuisines étaient établies dans les soubassements de l'hôtel.

Mais, les appartements de réception restaient tout entiers à terminer. Lorsque M. de Bonnac partit pour l'émigration, le salon et la salle à manger, dont la salle des Aigles occupe maintenant l'emplacement, et la pièce contigüe, qui forme le cabinet du préfet, n'étaient ni plafonnés ni carrelés ; une partie des autres chambres n'avaient ni vitres, ni plafond, ni plancher : les combles n'étaient pas planchéiés et ne le furent qu'en 1845. Les tapisseries en laine et soie d'Aubusson qui devaient garnir les appartements d'honneur, la plus grande partie des meubles exécutés à grands frais à Paris, étaient encore dans leurs caisses. En tout, le palais de l'Évêché représentait assez la situation financière du pays à la fin du dernier siècle : un luxe sans exemple, des dépenses gigantesques, et au travers de ces splendeurs, la misère des riches eux-mêmes et la banqueroute en perspective.

On sait le rôle que M. de Bonnac joua aux Etats-Généraux de 1789, la grande séance où il eut l'honneur de formuler le premier la résistance du clergé de France au serment constitutionnel. Quelle que soit la différence des sentiments et des opinions qui séparent les enfants de la patrie commune, il n'y a, grâce à Dieu, parmi nous qu'un cœur et une voix lorsqu'il s'agit de juger l'abnégation qui sacrifie à sa foi honneurs et richesses, le courage qui brave la mort et appelle le martyre.

Volontairement déchu de son office, M. de Bonnac alla chercher un refuge sur la terre d'exil, et la demeure qu'il s'était construite passa dans les mains de la nation.

Le 26 mai 1791, les scellés furent apposés sur les portes du palais épiscopal par le commissaire du district, en présence du vicaire-général de M. de Bonnac, Jean-François Caulet, son pro-

cureur fondé, qui joignit à sa signature la protestation suivante :
« Caulet, p^{tre}, réservant pour M. de Bonnac, évêque d'Agen, tout
« ce qu'il a droit de réserver.[1] »

Quelques années se passent. La France s'élève à toutes les
grandeurs, se plonge dans tous les abîmes. La religion disparaît
de ce sol en feu. L'hôtel des Évêques-Comtes convenait mal à la
simplicité des héritiers que leur donnait la loi de 1792. L'évêque
constitutionnel alla habiter près de la cathédrale un modeste
presbytère et le palais demeura vacant.

On ne savait trop qu'en faire. En 1791, l'idée vint un moment au Conseil de département d'y transférer les corps administratifs et judiciaires. Un arrêté du 3 décembre prescrivit même
au district d'Agen de donner son avis dans les trois jours sur
les avantages et les inconvénients de cette mesure. Le Directoire
de district en délibéra en effet le 9 décembre suivant ; mais, ce
ne fut que pour repousser à l'unanimité la proposition.

Parmi les raisons qui le déterminèrent, il y en avait de très-
sérieuses, d'autres qui font sourire. A côté des motifs d'humanité invoqués pour combattre la pensée de convertir en prisons
les souterrains du palais épiscopal, des raisons d'économie qui
s'opposaient à la translation du tribunal civil dans un local dont
l'appropriation exigerait des dépenses difficiles à calculer et dont
le prix de location n'était pas fixé, à côté surtout de l'inconvé-
nient de laisser vendre toutes les maisons nationales situées au
centre de la ville, la maison du Roy, les prisons, le ci-devant
Palais-de-Justice ; il y avait quelque chose qui préoccupait plus
encore le Directoire de district. Il trouvait la course un peu longue des Cornières à Malconte. Aussi, s'écriait-il dans ce style
larmoyant mis à la mode par les plagiaires de Rousseau : « que
« s'il ne s'agissait que de ses commodités particulières, il les

---

[1] Reg. des délib. du district d'Agen (séance du 25 mai). — Procès-verbal
d'évacuation de la maison du ci-devant évêché d'Agen (Arch de la Préfecture).

« sacrifierait volontiers ; mais, qu'il lui était doux de se trouver
« au milieu de ses administrés ; qu'il lui était permis d'augurer
« que leurs sentiments étaient réciproques ; que le déplacement
« projeté porterait avec lui un caractère de désertion affligeant
« pour les citoyens de la ville ; que la translation des corps
« administratifs hors de l'enceinte des murs les mettrait dans
« l'impossibilité d'arrêter leurs désordres, en facilitant à une
« populace aveugle les moyens de rendre leurs efforts inutiles.[1] »

Cet appel sentimental alla au cœur du Conseil de département.
Dans sa dernière session, il décida qu'il ne serait donné aucune
suite au projet d'établissement des corps administratifs et judiciaires dans la maison ci-devant épiscopale.

L'Hôtel de l'Evêché demeura, par conséquent, sans destination. Une sorte de Providence, sa grandeur peut être, la rareté
des fers et des boiseries, le sauvèrent de la vente et du marteau
des démolisseurs.

Veuf de ses hôtes princiers, abandonné avant d'avoir été tota--
lement achevé, ses toitures s'effondrent, écrasées par la grêle,
emportées par le vent : la charpente se pourrit : les plafonds
s'écroulent : le bâtiment est mis au pillage par les soldats caser-
nés dans l'ancien séminaire de la Mission. On arrache les charmilles du parc pour servir de champ de manœuvres aux chasseurs à cheval du 24e régiment.[2] La ruine, à chaque instant,

---

[1] Registre des délibérations du Conseil du département de Lot-et-Garonne,
séance du 3 décembre 1791. — Registre des délibérations du district d'Agen
du 8 octobre au 28 décembre 1791, séances des 9 et 21 décembre.

[2] Rapports de Tonelé-Gimbrède, expert-commis, au Directoire de district,
29 mai et 19 juin 1791.

Rapport de l'Ingénieur en chef du département de Lot-et-Garonne, le citoyen
Dergny, sur les réparations à faire aux écuries du ci-devant Evêché et aux loges
du portier, 27 février an II.

Devis estimatif des réparations à faire au ci-devant Evêché pour empêcher la
communication de la partie des écuries et cazernes d'avec le parcq et maison

menace l'édifice ; mais, il échappe à l'orage. Il vit et vivre est
tout à cette époque terrible où tout s'écroule, institutions et
monuments, où rien n'a le temps ni de renaître ni de se con-
solider.

Cependant, des temps plus calmes reviennent : la Révolution
tend à se régulariser. Sorti de la Constitution de l'an III, le
Directoire essaie de relever les ruines amoncelées de la société.
L'éducation publique avait disparu avec le reste dans la tour-
mente. On tente de la relever, de reprendre par la base l'ordre
social et de mettre en pratique le magnifique plan de Talleyrand.
L'établissement des Ecoles centrales dans tous les départements de
la République est décrété par la Convention, le 7 ventose an III.

Le 21 germinal an IV, parait un arrêté du Directoire du département de Lot-et-Garonne qui, sur le rapport de l'Ingénieur
en chef Dergny, et des membres du Jury d'instruction publique,
les citoyens Duvigneau, Saint-Amans et Sevin aîné, affecte à
l'Ecole centrale les bâtiments de l'ancien Evêché. On fait à la hâte
aux toitures du palais les réparations les plus indispensables.
Plus tard, la loi du 19 fructidor an VI sanctionne toutes les opé-
rations préliminaires en concédant à l'Ecole centrale l'ancien
Evêché, l'enclos qui en dépendait et le jardin du Séminaire.[1]

---

d'institution, aux fins d'éviter les dégradations qui se pratiquent journellement
à ces édifices, 10 vendémiaire an III.

Procès-verbal, dressé le 9 germinal an III, de la vente des charmilles du ci-
devant Evêché, opérée en vertu de l'arrêté du 27 ventôse an III. La vente, faite
en présence « d'un nombre infini de citoyens, » produisit 1,245 livres. Pour
« empêcher que l'agioteur ne profitât de la vente de ce bois au détriment du
pauvre, » l'administrateur du Directoire, Gramache, en avait fait faire vingt-
quatre lots, « afin, dit-il, de faciliter l'acheteur indigent. » Quant aux tilleuls,
le département n'ayant pas encore répondu au district, le citoyen Gramache
ne put les faire exploiter.

[1] La Préfecture possède les deux rapports, l'un du 20 germinal, l'autre du
29 ventôse an IV, mentionnés ci-dessus, et le procès-verbal, en date du 17 brumaire an V, de l'adjudication consentie aux citoyens Olivier et Gauthier des

L'École devait se composer de trois sections comprenant dix cours, dirigés par un nombre égal de professeurs, plus un bibliothécaire. Conformément à la loi du 3 brumaire an IV, le jury d'instruction, institué par le Directoire de département, procéda aux nominations. Six professeurs seulement furent élus. C'était, pour le dessin, le citoyen Parfait-Lumière; pour l'histoire naturelle, Pérès, qui passa plus tard à l'enseignement des langues anciennes et fut brisé le 3 germinal an VII, par François de Neufchâteau, comme manquant de la *saine philosophie et du zèle pour les institutions républicaines nécessaires dans l'exercice de ses fonctions;* pour les mathématiques élémentaires, Louis Puissant, le laborieux géomètre, l'inventeur du panographe; pour la physique et la chimie expérimentale, l'ingénieur Lomet, dont le pays n'a pas perdu la mémoire; pour la grammaire générale, le législateur Godailh; pour la législation, Caylard. Le bibliothécaire était le citoyen Lalaurentie-Delsert. Il n'avait pu être pourvu, lors de cette première organisation, aux chaires de langues anciennes, de langues vivantes, de belles-lettres et d'histoire. Comme partout, dans cette renaissance des lettres, la France ingrate, la France de Molière, de Bossuet, de Corneille, semblait vouloir renier ses dieux, bannir l'imagination et reconduire les poètes à la frontière de la nouvelle République.

Malgré ces lacunes, un arrêté de l'administration centrale du département du 27 vendémiaire an V, fixa au 1er frimaire l'inauguration solennelle de l'École.

Mais, quelque remarquable qu'eût été le choix des professeurs, quelque modique que fût la rétribution exigée (25 livres, valeur

---

réparations urgentes à faire à la toiture du ci-devant Evêché, évaluées à 445 fr. D'autres réparations peu importantes eurent lieu en l'an IV au même édifice pour refaire les clôtures, prévenir l'écroulement des voûtes des caves et isoler les bâtiments latéraux (Devis et états divers, des 22 prairial an V, 15, 25 thermidor et 5 fructidor an VI).

métallique), il n'y eut qu'un petit nombre d'élèves. Les classes
de mathématiques et de dessin étaient seules suivies, les autres
restèrent presque désertes, et le défaut d'ordre, les habitudes
d'indiscipline contractées pendant la Révolution achevaient d'en-
traver tout progrès.

La bibliothèque, formée des livres enlevés dans les couvents et
les châteaux des émigrés et entassés pêle-mêle dans l'ancienne
chapelle de l'Évêque, n'eut que de rares visiteurs.

La seule partie florissante de l'école était le Jardin-des-Plantes,
où le professeur d'histoire naturelle, M. de Saint-Amans, faisait
à ses élèves des démonstrations de botanique et que le jardinier
Brie avait enrichi d'une foule de plantes étrangères.

L'institution avortée des écoles centrales ne devait pas survivre
à la République. Le 1er pluviôse an XI, celle de Lot-et-Garonne
est fermée. Le 8 pluviôse, arrêté du Gouvernement qui organise
les lycées et ordonne que les bibliothèques des écoles centrales
seront abandonnées aux municipalités. Le 15 ventôse, apposition
des scellés sur le mobilier de l'école, dont l'inventaire dressé par
le Maire, M. de Sevin aîné, atteste assez la spartiate austérité.
Enfin, le 24 ventôse, la ville demande et obtient à titre provisoire que la bibliothèque ne sera pas déplacée.

Un an s'écoule sans que le palais de M. de Bonnac sache en
quelles mains va le faire passer le hasard des vicissitudes politiques. Mais, en l'an XII, la Légion-d'Honneur est instituée et le
bâtiment de l'ancien Évêché est affecté à la 14e cohorte,[1] source de
longs débats entre le département et la Légion. Celle-ci met en
ferme le parc et le jardin du Séminaire, fait au bâtiment quelques
réparations bien modestes et, comme si elle eût prévu la fin
prochaine de cette ère de transition, semble s'établir à l'Évêché,
bien moins en propriétaire qu'en usufruitier dont les jours sont
comptés.[2]

---

[1] Mss. *Proché*, p. 285 et 286.
[2] Adjudication du fermage du parc de l'Évêché moyennant le prix de 200 fr.,

Le palais de la cohorte eut cependant son heure d'éclat. Le 17 décembre 1807, le Prince archi-chancelier de l'empire y descendit à deux heures du matin. Le lendemain, à huit heures, Cambacérès donnait audience aux autorités constituées et se faisait présenter le vieux *Printemps*. Les préfets du Lot et du Gers, les sous-préfets de plusieurs arrondissements, étaient venus lui former une cour. Précédé d'une compagnie d'élite de cinquante jeunes gens à cheval et de trois cents hommes de la garde nationale, le prince, *pour se rendre aux désirs du peuple*, parcourut à pied une partie de la ville et des promenades, monta en voiture à deux heures et s'élança vers la route de Bordeaux, au milieu d'un concert d'acclamations. Quelques jours après, le centenaire Printemps, le doyen des grenadiers français, recevait un brevet de pension de 800 francs.[1]

Nous arrivons enfin au passage de l'Empereur à Agen : voyage mémorable pour la ville comme pour la Préfecture. Car, c'est de là que date, pour l'une, le commencement de ses nouvelles destinées, pour l'autre, l'ère de progrès où elle suit d'un pas timide la voie que lui a ouverte un geste du triomphateur.

On était en 1808. Les Bourbons d'Espagne étaient venus plaider à Bayonne le procès dont une couronne était l'enjeu. Napoléon était au faîte de sa puissance, l'empire à l'apogée. Rien ne semblait manquer désormais au fils couronné de la Révolution, rien, pas même la durée.

---

26 brumaire an XIII ; de 205 fr., 29 janvier 1806. Réparations aux remises et aux écuries du ci-devant Évêché pour la somme de 1,413 fr. : procès-verbal de l'adjudication du 10 mars 1806, présidée par le Préfet, M. Pieyre et le chancelier de la 11e cohorte, M. Lacuée. Réparations à la charpente de la couverture : adjudication du 11 décembre 1806, au prix de 1170 fr. Appropriation du logement du trésorier de la Légion-d'Honneur, M. de Sevin : adjudication du 8 janvier 1807, sur le prix de 580 fr. D'après une lettre du Ministre du 11 juillet 1809, un devis des réparations générales à faire avait été rédigé par l'ingénieur Dergny, mais il ne fut jamais exécuté.

[1] Mss. *Proché*, p. 342.

Une lettre écrite de Bayonne, le 18 avril, par le Ministre
d'Etat annonce au Préfet de Lot-et-Garonne, M. de Villeneuve-
Bargemont, que « S. M. est dans l'intention de visiter bientôt
« son département, où elle se rendra en s'arrêtant à Pau, Tarbes
« et Auch. »

Aussitôt, tout s'apprête. Le chef-lieu de la 11ᵉ cohorte est trans-
formé en palais impérial. On fait à la hâte les réparations indispensables à l'intérieur.[1] Tapissiers, ébénistes, décorateurs, se
mettent à l'œuvre. Les tentures vertes, couleur chère à l'Empire,
les rideaux de taffetas jaune et violet, le nankin jaune de Rouen,
le grand luxe de l'époque, se drapent autour des modestes lits
de cerisier que ne dédaignaient pas alors la grâce élégante de
Joséphine, la majesté du maître absolu de la France et de l'Ita-
lie, du suzerain de la moitié de l'Europe, et qui sembleraient
aujourd'hui au plus humble bourgeois de nos villes indignes de
sa chambre à coucher. Cependant, malgré cette parcimonie qui
ferait sourire de pitié une petite maîtresse de nos jours, la dépense d'ameublement atteignait le chiffre de 33,412 fr. 55, chiffre
énorme pour le temps. Mais, ainsi que l'écrivait le Préfet, « les
« membres du Conseil général eussent été au désespoir si l'ad-
« ministration n'avait pas fait tout ce qui était convenable pour
« prouver à LL. MM. que le département de Lot-et-Garonne ne
« le cédait à aucun de ceux que les illustres voyageurs venaient
« de parcourir, en fait d'amour et de respect pour leurs illustres
« personnes.[2] »

En même temps, toute la jeunesse d'Agen se fait inscrire pour
former la garde d'honneur de l'Empereur. Le 19 avril, elle pro-

---

[1] Elles s'élevèrent à 1,782 fr. 25. Lettre du Grand-Chancelier de la Légion-
d'Honneur à M. Villeneuve, Préfet, etc., 3 février 1809.

[2] Lettres de M. de Villeneuve au Ministre de l'Intérieur, 31 août 1808; du
Ministre de l'Intérieur au Préfet, 26 mai et 24 novembre 1808, 29 juin 1809. —
Mémoires des différents inventaires des ouvriers, et en particulier du tapissier
Passarieu. Du mobilier de cette époque il ne subsiste plus guère à l'hôtel de la

cède au choix de ses officiers : la compagnie de canonniers se place sous le commandement de M. Martinelli-Gogelin, ancien officier d'artillerie. M. Xavier de Sevin est proclamé capitaine-commandant, MM. d'Auzac et Gondes, lieutenants de la compagnie d'infanterie, M. de Secondat-Montesquieu, capitaine, M. de Beaumont, lieutenant, le colonel Dudevant, adjudant-major de la compagnie de cavalerie. Le drapeau de l'infanterie est confié au sous-préfet de Montauban, Bonas de Melet; l'étendard de la cavalerie, au lieutenant de cuirassiers, Maximilien de Lusignan. Le 26 mai, jour de l'Ascension, à cinq heures, le Préfet entouré du Conseil de préfecture, des sous-préfets, de l'état-major du département et de la municipalité d'Agen, se rend au palais de la Légion, où l'attendaient, rangés sous les ordres du général Miquel, les trois corps de la garde-d'honneur, la garde à cheval en uniforme vert-dragon, les quatre compagnies de la garde à pied, en uniforme blanc, revers et parements vert-foncé, les canonniers dans la sévère tenue des premières guerres de la République, un détachement de 200 hommes d'élite de la garde nationale et la compagnie de réserve du département.

Aux cris réitérés de : *Vive l'Empereur!* M. de Villeneuve remit à la garde-d'honneur le drapeau, l'étendard aux franges d'or, étalant en relief le nom de Napoléon, et le cortége se mit en marche au milieu d'un concours immense de peuple, se rendant à la cathédrale où l'Évêque bénit solennellement les enseignes de la nouvelle garde.

Pendant trois mois, Agen attendit le héros avec la fièvre d'enthousiasme anxieux qui partout s'allumait sur son passage. Enfin, le 30 juillet, au milieu de la nuit, les cloches s'ébranlent,

---

Préfecture qu'un secrétaire à cylindre, une pendule ayant pour sujet une Flore, une couronne de fleurs à la main, et une autre pendule représentant le *repos de Diane*, qui en 1852 ornait encore la cheminée de la chambre à coucher de l'Empereur devenue celle du Président de la République, le lustre de la même chambre et le fauteuil qui, suivant la tradition, lui servit de trône.

l'artillerie retentit, les cris de : *Vive l'Empereur ! Vive l'Impé-ratrice!* sont poussés par 40,000 bouches. C'est Napoléon et Joséphine qui arrivent. Ils traversent les rues de la ville sous les guirlandes de chêne et de laurier, sous les arcs-de-triomphe, les voûtes de verdure, et entrent enfin dans la cour du palais.

Celle-ci offrait au moment de l'arrivée de l'Empereur un spectacle admirable. A la lueur des torches reflétant sur les baïonnettes et les sabres nus les feux des illuminations, la garde-d'honneur à pied était rangée en bataille sur la gauche, la garde à cheval et la gendarmerie se déployaient sur la droite ; l'artillerie faisait résonner ses pièces ; la musique de la garde nationale exécutait le *Vivat in æternum*, et tout retentissait des cris et des applaudissements d'un peuple immense qui couvrait la Plate-Forme et toutes les avenues du palais. Il était alors deux heures et demie du matin. La pâle figure de l'Empereur semblait émue et rayonnante au moment où il montait les marches du perron. Quel œil alors eût, derrière ces splendeurs, entrevu l'abîme et les catastrophes du lendemain ?

Mais, l'Empereur, en cette glorieuse année, était robuste, confiant, plein de vie. Le 30 juillet, dès 10 heures du matin, il parcourait à cheval les rues et les dehors d'Agen, semant les mots gracieux, ayant plutôt l'air d'un père au milieu de ses enfants que d'un souverain courbé sous le poids des affaires du monde.

Rien de curieux à lire comme la relation des audiences qu'il donne aux autorités accourues sur son passage. Il fait d'abord appeler le Préfet et, sans lui laisser le temps de prononcer la harangue qu'il tient prête, l'entretient pendant une heure entière de la situation, des intérêts, des besoins du département. A la Cour d'appel, il pose une foule de questions sur le nombre des causes qu'elle juge, la nature des affaires, la marche des procédures, l'application de ses codes. Aux Maires qu'on lui présente, il parle de l'agriculture, de la culture du tabac, de la quotité des contributions, des routes, le plus grand bienfait qu'un gouvernement puisse accorder à un pays agricole. Il leur annonce la détermination qu'il a prise de faire construire à Agen un pont sur la Garonne, à Aiguillon un pont sur le Lot. Avec la Cour de Justice criminelle, il s'entretient particulièrement de l'institution du jury et réclame du président Bory les observations que l'expérience a dû lui suggérer. L'Évêque d'Agen vient le remercier, comme du plus grand de ses bienfaits, « de pouvoir avec « liberté instruire les peuples de la fidélité qu'ils doivent à Dieu « et à l'Empereur. » Napoléon s'informe des moyens qu'offre la piété des fidèles pour améliorer le sort des prêtres du diocèse, exprime l'impression pénible que, dans le cours de sa promenade, lui a causé l'état d'abandon de la cathédrale de Saint-Caprais et laisse entrevoir la résolution de la relever de ses ruines.

Les affaires interrompent ces conversations royales si nourries, si pleines de promesses et d'avenir. Des dépêches de Madrid arrivent : l'Empereur s'enferme dans ses appartements, s'entretient quelque temps avec le général Dessoles, lui confère un commandement important à l'armée d'Espagne et reparait, après avoir expédié ses ordres.

On lui amène le vieux général d'artillerie Campagnol. Napoléon reconnaît l'ancien colonel sous lequel il a servi, le reçoit avec effusion et le présente à l'Impératrice. Puis, c'est le digne Printemps, avec ses 114 ans, qui vient le remercier du brevet de pension qui lui a été récemment accordé. Printemps avait endossé pour l'audience impériale son vieil uniforme du régiment de Périgord, ceint la longue épée, couvert sa tête du tricorne militaire, surmonté d'un panache. Il arrivait soutenu sur le bras de sa femme, suivi d'un groupe d'enfants. « Qu'on le « fasse avancer, dit l'Empereur. Dans quel régiment avez-vous « servi? — Dans Périgord. — Avez-vous été à quelque affaire? « — Trois blessures reçues à la bataille de Guastalla. — Ces « services ne datent pas d'hier, reprend l'Empereur en souriant. « Qu'on lui remette 50 napoléons. »

L'Impératrice fatiguée, triste déjà comme si elle avait le pressentiment de l'avenir, n'était pas sortie de son appartement et n'avait reçu que la femme du Préfet, Mme de Villeneuve.

Il était six heures et demie. C'était le moment fixé pour le départ. Napoléon et Joséphine sortent du palais. La garde-d'honneur, la gendarmerie les escortent à cheval. Au moment du départ, un des chevaux de la voiture vint à s'abattre. On remarqua alors qu'en mettant pied à terre, l'Empereur devint sérieux et pensif et tout ce peuple, rendu fataliste comme son chef par le spectacle de tant de commotions, ne put se défendre de je ne sais quel frémissement contagieux. Enfin, un tourbillon de poussière s'élève. L'homme de la destinée a disparu !

Agen ne le reverra plus. Mais, son souvenir reste, et désormais tout ce qui se fera de grand dans le pays rappellera le séjour de Napoléon.

Du palais impérial d'Agen est datée toute une série de décrets destinés à régénérer la ville et le département : rétablissement de la portion de la route de Paris à Baréges, entre Périgueux et Bergerac ; ouverture de la route d'Agen à Cahors par Tournon ; ouverture de la route d'Agen à Condom par Lamontjoie ; construction d'un pont en pierre sur le Lot à Aiguillon et sur la Garonne à Agen ; construction de cales, perrés ou épis sur la Garonne pour défendre les communes de Lot-et-Garonne contre les envahissements de la rivière ; dessèchement du marais de Brax ; translation de la Cour criminelle et du Tribunal de commerce dans la maison Secondat-Roquefort ; agrandissement des prisons de la ville d'Agen ; concession au Séminaire de la portion de la maison du Chapelet, occupée jusqu'alors par la prison de police correctionnelle ; achèvement de la salle de spectacle ; donation à la ville d'Agen des remparts abandonnés et de l'emplacement de la Pépinière ; subvention de 50,000 fr. aux communes du département de Lot-et-Garonne ravagées par la grêle ; érection des succursales de Clairac et Agen en cures de deuxième classe et, pour termi-

ner, abandon à la ville d'Agen de la totalité de l'Hôtel-de-Ville,
où le Directoire du département s'était établi en 1791.[1]

Et tout cela devait s'exécuter avec la rapidité que le grand
capitaine imprimait à tous ses actes. Il fallait que les plans fus-
sent soumis à l'approbation impériale avant le 1er avril 1809, les
travaux commencés dans la même campagne : programme magnifique que trente ans ont à peine suffi à exécuter et qui comprend
pour ainsi dire toute l'histoire d'Agen jusqu'à la construction du
Pont-Canal, un des chefs-d'œuvre de l'art moderne.

La translation de la Préfecture à l'ancien Évêché complète cet
ensemble de mesures improvisé par Napoléon pour l'embellissement de la ville d'Agen. A peine descendu dans le palais de
M. de Bonnac, l'Empereur avait voulu que ce monument, con-
damné à une éternelle stérilité entre les mains de la Légion-
d'Honneur, reprit une vie nouvelle en devenant le siége de
l'administration départementale.

Un décret du 22 janvier 1809 porte , article 17 :

« L'ancien Évêché, affecté à la 11e cohorte, sera cédé au département de Lot-et-Garonne, pour l'établissement de la Préfecture,
moyennant une rente de 10,000 fr. [2] »

---

[1] Relation du passage de S. M. l'Empereur des Français dans le département
de Lot-et-Garonne. Agen, chez R. Noubel, 1808.— État des officiers de la garde-
d'honneur (Arch. de la Préfecture).

Jean Serres, dit *Printemps*, dont il est question dans cette relation, mourut
le 8 décembre de la même année, à l'âge de cent quatorze ans, un mois et quatorze jours. M. de Villeneuve adressa au Ministre de l'Intérieur sur ce patriarche
des armées une notice fort intéressante, que j'ai retrouvée aux archives de la
Préfecture.

[2] Cette rente fut exactement servie pendant les sept dernières années de l'Empire. Mais, dès 1814, les réclamations commencèrent : en 1816, le Conseil général refusa nettement de reconnaître le droit de la Légion-d'Honneur, et, le 21
mai 1847, intervint une ordonnance royale qui, abrogeant le décret de 1809, en
ce qui concernait la rente imposée au département, prescrivit une expertise con-
tradictoire destinée à fixer la valeur de l'ancien Évêché et de ses dépendances et la

Mais, comme s'il eût voulu consacrer par une faveur spéciale le souvenir de ces heures dérobées au gouvernement du monde et consacrer à toujours à l'édifice qui va devenir le siége de la Préfecture son titre de Palais-Impérial, le souverain déclare s'y réserver pour lui et pour les princes qui passeront à Agen, un appartement particulier.

Aussitôt, les architectes se mettent en mesure de réaliser la pensée impériale. La bibliothèque communale, laissée depuis la fermeture de l'École centrale dans l'ancienne chapelle de l'Évêque, est transportée à l'hôtel de la Mairie.

L'ingénieur des ponts-et-chaussées, M. Maurette, prépare les plans de restauration et d'appropriation. C'est à lui que revient la malencontreuse idée de cette aile basse qui, plaquée

---

soulte due à la Légion. Celle-ci fut mise en demeure de nommer son expert, mais elle s'abstint, se réservant de faire valoir ses droits en temps opportun.

De dix en dix ans, en effet, elle ne manqua pas de troubler par ses protestations la paisible jouissance du département. En 1834, le Préfet fut appelé à fournir des explications : il le fit et l'affaire en resta là. En 1843, troisième tentative de la Légion-d'Honneur : le Conseil général persiste dans son refus de discuter un droit qu'il ne veut pas reconnaître. Nouveau mémoire du Grand-Chancelier, le 24 juin 1845 : le Préfet, dans un exposé des plus remarquables, repousse ses prétentions et, sur son rapport, le Conseil général déclare, dans sa séance du 28 août 1845, que le département est « propriétaire légitime et incommutable, sans « aucune charge, de l'Hôtel de la Préfecture. »

La Légion-d'Honneur ne se tient pas cependant pour battue. Elle renouvelle sa demande en 1853, et le Préfet, sur l'invitation du Ministre de l'intérieur désigne, tout en réservant expressément les droits du Conseil général, un expert chargé, concurremment avec celui de la Légion, de procéder, en conformité de l'ordonnance du 24 mai 1847, à l'estimation de la Préfecture. Mais, le 24 août 1854, le Conseil général, fidèle à ses précédents, renouvelle ses votes de 1847, 1843, 1845, ajoute que la prescription trentenaire est acquise, décline toute suite à donner à l'expertise et autorise le Préfet à soutenir le droit de propriété du département devant toute juridiction.

Tel est le dernier épisode de ce long drame à huis-clos, auquel chaque période décennale ajoute un acte de plus et qui n'est peut-être pas encore arrivé à son dénouement.

contre la façade principale de l'hôtel, aveugle ses fenêtres, détruit l'harmonie des lignes, et, par la vulgarité et la mesquinerie de la construction, semble un défi jeté à l'élégante régularité du plan de l'architecte primitif.[1]

C'est à lui encore qu'on doit reprocher l'enlèvement de la balustrade qui donnait à l'édifice un caractère particulier d'élégance.

Les combinaisons du plan de l'hôtel étaient néanmoins si ingénieuses, qu'à l'exception de cette maladroite addition, M. Maurette ne put pas autrement gâter l'œuvre de son devancier. Il laissa les dispositions telles qu'il les avait trouvées et ne changea que les escaliers des bureaux. Dans ses plans, qui subsistent encore, on remarque la destination donnée à la chambre située au premier étage, au-dessus du grand salon central. Cette pièce devait être la chapelle du palais : c'était évidemment la volonté de l'Empereur, mais il ne paraît pas qu'elle ait jamais été réalisée.[2]

La réparation fut achevée à la fin de 1810. Cette année, le 23 novembre, l'hôtel restauré des Évêques-Comtes s'ouvrit pour recevoir ses nouveaux hôtes. Les habitants du faubourg Porte-Neuve avaient orné de guirlandes les avenues du palais : le canon tonnait. Aussitôt que le Préfet se fut installé, on entendit retentir la musique militaire : c'était la garde-nationale d'élite de la

---

[1] Plans, projets et devis dressés par l'ingénieur Maurette, vus et approuvés (pour la forme) par l'ingénieur en chef Dergny, visés par le préfet les 30 mai et 4 octobre 1809. La dépense prévue s'élevait à 70,000 fr. Les travaux furent, le 10 octobre 1809, adjugés au sieur Jonqua, charpentier, pour le prix de 59,100 fr. Le 25 mars 1812, nouveau devis estimatif, montant à 7,667 fr. 44 c., des ouvrages indispensables pour compléter les réparations de l'hôtel, indépendamment de ceux adjugés en 1809. — (Arch. de la Préfect.)

[2] La Légion-d'Honneur avait également songé à faire restaurer l'Évêché. Une lettre du ministre de l'intérieur au préfet de Lot-et-Garonne, du 11 juillet 1809, a trait à une demande d'honoraires, réclamés par l'ingénieur en chef Dergny, pour avoir dressé un devis des réparations à y faire. Ces honoraires avaient été fixés à 3,500 fr., mais ils avaient été réduits de moitié à cause de la non-exécution des travaux.

ville et la compagnie de la réserve départementale qui venaient
remettre solennellement entre les mains du chef de l'administration l'aigle donnée par l'Empereur à la garde-nationale de Lot-
et-Garonne, à l'époque des fêtes du couronnement. Ensuite, le
vieux Lamouroux, avec la population du faubourg accourue
tout entière, s'avance et vient saluer le Préfet, au nom de
ceux parmi lesquels il vient habiter. « Monsieur le Préfet, lui
« dit-il, les habitants du faubourg Porte-Neuve s'empressent de
« vous témoigner leur joie.... Il nous serait peut-être permis, en
« qualité de vos voisins, d'invoquer maintenant d'une manière
« plus particulière votre bienveillance : mais, ce serait ignorer
« qu'un père doit une égale tendresse à chacun de ses enfants.
« Nous nous bornons donc à ne vous parler que des vœux que
« nous faisons pour votre bonheur et celui de votre famille. »
M. de Villeneuve ouvre son hôtel à la foule; une députation
de jeunes filles s'approche, offre des fleurs à Mme de Villeneuve
et lui adresse un compliment en vers, et le soir cette fête de
famille se termine par l'illumination du faubourg et un feu de
joie que le Préfet allume lui-même, aux acclamations univer-
selles.[1]

Le déplacement de la Préfecture ne constituait pas seulement
un bienfait pour le département : par là, un grand acte de justice allait se réaliser au profit de la ville d'Agen. Pendant la
tempête révolutionnaire, l'ancien collège des Oratoriens avait été
confisqué et vendu au profit de l'État. En l'an VI, la loi qui
réorganisait l'enseignement public avait abandonné à la ville le
bâtiment où allait s'établir l'École centrale, pour l'indemniser de
la perte de son collège. Mais, dans l'état d'incertitude où flottait
alors la propriété de l'État et des communes, tous ces précédents
avaient été bientôt oubliés, et, en l'an XI, lorsque le Gouvernement constitua la dotation de la Légion-d'Honneur, nul ne

[1] *Journal de Lot-et-Garonne*, n° du 28 novembre 1810.

s'était plus rappelé que le palais qu'on attribuait à la 11e cohorte avait déjà un autre maître.

L'Empereur le sut et il saisit l'occasion de réparer cette injustice involontaire. La translation de l'administration départementale laissait vacant le couvent des Carmélites, où elle siégeait depuis l'organisation des Préfectures. Le 23 avril 1810, un décret impérial, daté de Compiégne, le concéda gratuitement à la ville d'Agen, en remplacement de l'Évêché, sur lequel ses droits furent ainsi implicitement reconnus afin d'y rétablir son collége.

Ainsi, éducation publique, routes, ponts, desséchement de marais, il semble que pour Agen tout datât du jour où le grand Empereur avait passé dans ses murs. Comment donc, en si peu de temps, les cris de reconnaissance et d'amour se changèrent-ils en désaffection ingrate? Triste exemple à ajouter à tant d'autres de la mobilité des masses : grave leçon que doivent également méditer les peuples et les rois.

De 1811 à 1814, les événements s'étaient précipités. Moscou, Lutzen, Leipzig, Hanau, marquaient les glorieuses et sanglantes étapes de l'Empire à son déclin.

Dans cet intervalle de trois années, le seul événement qui se rattache à l'Hôtel de la Préfecture est la fête donnée par le Préfet à l'occasion de la naissance du roi de Rome (9 juin 1811). Joies suprêmes, derniers feux du soleil qui s'éteint.

Le 10 février 1814, le sénateur comte de Lapparent, commissaire extraordinaire en mission dans la 20e division, arrive à Agen, accompagné d'un auditeur au Conseil-d'Etat qu'attend une juste célébrité, l'illustre Cormenin. Il descend à l'Hôtel de la Préfecture. Visite des principaux fonctionnaires, sérénade, revue de la cohorte urbaine, rien ne manque à la réception due au délégué de l'Empereur. Mais, ce n'est plus l'accueil cordial fait à l'archichancelier, l'entrée triomphale de Napoléon. La fête est à la surface : au-dedans, tout est sombre. Ce que Lapparent vient organiser, c'est la défense du sol sacré. Comme les envoyés de la Convention aux premiers jours de la guerre européenne, il lance

arrêtés sur arrêtés pour la levée des contributions et l'organisation des cohortes dans les arrondissements de Villeneuve, Mar-
mande et Nérac. Mais, en vain : l'Empereur a beau multiplier
les prodiges ; le cri de la France en danger n'a plus d'écho. En
repartant le 16 février pour Périgueux, Lapparent comprit que
tout était fini.[1]

On sait le reste : l'héroïque résistance du lion aux abois, l'abdication, la rentrée des Bourbons, le vertige qui s'empara du Midi.
Le 14 avril, la cohorte urbaine, tambours et musique en tête,
arborait sur la porte de l'Hôtel de la Préfecture le drapeau blanc,
sur lequel elle avait fait inscrire les mots : *Vive Louis XVIII!
Vive la paix! Vive le Préfet! Vive la Mairie!*[2] Le 20, les archives de la Préfecture, des Cours et des administrations, qui,
après l'envahissement des Pyrénées, avaient été expédiées sur
Figeac, rentrent, suivies de près par la Cour impériale. Un nouveau règne commence, et les acclamations qui hier saluaient le
vainqueur d'Austerlitz, retentissent tout aussi ardentes, tout aussi
unanimes sur le passage du duc d'Angoulême (7 mai 1814).[3]

Il n'y a de changé que les couleurs du drapeau et l'écharpe des
jeunes volontaires qui, sous le commandement du comte de
Preissac, commissaire du roi Louis XVIII, font le service à la
porte des appartements de la Préfecture, l'écharpe blanche autour
de la taille et le panache blanc au chapeau.

Le mouvement royaliste d'Agen fut d'ailleurs bientôt mis à une
terrible épreuve. Le 11 septembre 1814, tous les fonctionnaires
du département avaient prêté serment de fidélité au roi, dans la
grande salle de la Préfecture, en face du buste de Louis XVIII,

---

[1] *Journal de Lot-et-Garonne*, nᵒˢ des 12, 16 février 1814.

[2] *Journal de Lot-et-Garonne*, nᵒ du 16 avril 1814. — Mss. Proché, p. 399.

[3] Relation du passage du duc d'Angoulême. — Extrait du *Journal de Lot-et-
Garonne*, nᵒ du 11 mai 1814. — Lettre du comte Beugnot, directeur général de
la police du royaume, au Préfet de Lot-et-Garonne, 21 mai 1814 (Archives de
la Préfecture).

sculpté par Valois. La ville, comme la France, dormait tranquille. Le 10 mars 1815, le duc d'Angoulême avait traversé Agen incognito, et la foule qui le reconnut et le saluait par des cris de joie était loin de se douter de l'abîme ouvert à ce moment même sous les pieds de la dynastie restaurée de la veille.

Tout-à-coup un bruit étrange se répand. Napoléon est débarqué au golfe Juan. Il est à Cannes. Il est à Gap. Il est à Grenoble. Il est à Lyon. Demain il sera à Paris.

Le 12 mars, Agen, en se réveillant, voit affichée sur ses murailles la proclamation furibonde du Préfet, annonçant au pays le débarquement du *transfuge de l'île d'Elbe* et la peine qui l'attend. Triste monument de l'esprit de démence qui, dans ces grandes crises des nations, s'empare des têtes les plus saines et peut égarer jusqu'aux cœurs les plus droits !

Le Conseil général s'assemble le 21 mars à l'Hôtel de la Préfecture, en vertu de l'ordonnance royale du 11, et se déclare en permanence. Mais, de funestes présages semblent assombrir encore cette session extraordinaire ouverte sous de si tristes auspices. Sous le même toit, à deux pas de la salle où le Conseil tient ses séances, la femme du Préfet, une sainte, la comtesse de Villeneuve-Bargemont, est couchée sur son lit de douleur, en proie à un mal sans remède. Le 25 mars, elle expire, si regrettée que, suivant une expression d'un journal du temps, « sa mort a pu produire un nouveau deuil public au milieu du deuil général de la patrie ! »

Cependant, les évènements marchent. Depuis le 20 mars, l'Empereur est aux Tuileries. Le 3 avril, les lieutenants-généraux Lapoype et Gaussart entrent dans la salle des séances du Conseil général et invitent l'assemblée à suivre l'exemple de la France et à arborer la cocarde tricolore. Les avis se partagent : la délibération se prolonge jusqu'à une heure avancée de la nuit : on se sépare sans avoir rien décidé. Le lendemain, la séance est reprise : le Préfet et le Maire, M. de Sevin, résistent encore. Mais, un courrier arrive : il apporte la nouvelle que tout est fini : il dépose entre les mains du président du Conseil général le décret du 20 mars qui clot la session extraordinaire. L'assemblée se dissout. Le comte de Villeneuve dépose sa démission sur le bureau du Conseil : le soir, il quitte l'Hôtel de la Préfecture, et le lendemain, il s'éloigne d'Agen.[1]

Le 5 avril, à midi, le drapeau tricolore est solennellement arboré sur la porte de la Préfecture et celle de la Mairie.

Mais, à partir de ce jour, la ville est divisée en deux camps. D'un côté, la Cornière, les rues marchandes, la cité du commerce et de l'opulence ; de l'autre, l'*île d'Elbe* et l'*île de Corse*, les faubourgs du Pin et de Porte-Neuve, le peuple affamé du désir de venger nos désastres. Les deux partis ont chacun leur quartier-général : à ceux-là, la place de la Mairie ; à ceux-ci, la Préfecture. Chacun a ses couleurs : ici, le drapeau de la paix, de la liberté mitigée, des transactions avec le passé ; là, l'étendard de 92 et d'Austerlitz, de l'égalité et de la gloire.

Déjà s'annonce cette longue scission dont quatre révolutions ont à peine effacé les traces. Pendant que les troupes, les *soldats du grand Napoléon*, comme les appelait leur général, saluaient, ivres de joie, le drapeau de Marengo et de Wagram, tandis que les hommes du peuple parcouraient la ville, portant l'aigle impériale au bout d'un bâton, vociférant, du ton de la menace, devant les cafés suspects de royalisme, les cris de : *Vive l'Empereur !* et chantant à la face du soleil les chansons hier proscrites que, depuis un an, tous les vieux soldats de la Révolution et de l'Empire murmuraient dans l'ombre, la garde nationale assistait froide et silencieuse à ces joies comme à ces angoisses d'un retour qu'elle n'avait pas souhaité.

Pendant toute cette période des Cent-Jours, si courte et si féconde en péripéties, l'orage plana sur Agen. Il éclata le 27 juin. Le drame commencé au golfe Juan venait de se dénouer à Wa-

[1] Procès-verbaux des délibérations du Conseil général.

terloo. Armée, puissance, prestige, la France avait tout perdu dans cette fatale journée. C'était pour tous le moment de serrer les rangs : mais, la folie des haines civiles fait aussi bon marché de la patrie que des liens du sang. Chose douloureuse à dire, le désastre de Waterloo fut accueilli comme une victoire par une partie de la nation. Nous voudrions jeter un voile sur ces défaillances publiques : mais, l'histoire est impitoyable et ne connaît pas l'amnistie de l'oubli. Après tout, il ne faut pas trop regretter ses justes sévérités : le châtiment infligé au passé est la leçon de l'avenir. Si aujourd'hui il n'est pas en France un parti qui ne repousse avec dégoût l'idée d'un pacte avec l'étranger, ce n'est peut-être qu'aux saturnales de 1815 qu'est due cette salutaire réaction.

Qu'on nous pardonne donc, au risque de réveiller des souvenirs pénibles, de raconter avec quelques détails ces journées des 27, 28 et 29 juin, dont le récit forme la page la plus émouvante de l'histoire de la Préfecture d'Agen.

M. Rouen des Mallets était préfet de Lot-et-Garonne. Nommé par décret impérial du 6 avril, le 15 mai, au point du jour, il était arrivé à Agen et, depuis ce moment, l'Hôtel semblait une citadelle chargée de surveiller et de contenir une population frémissante.

A la nouvelle de la seconde abdication, l'effervescence si longtemps étouffée fait enfin explosion. Le 27 juin, le tambour bat ; on court aux armes ; la garde nationale, désarmée depuis le 25 mai, se reforme spontanément. La foule se porte à l'Hôtel-de-Ville : elle arrache, déchire et foule aux pieds le drapeau tricolore. La révolte pourtant hésite encore. Le Préfet, le général Bessières, frère de l'héroïque maréchal, courent sur la place de la Mairie, haranguent la multitude, l'entraînent par leurs paroles. Les grenadiers de la garde nationale entourent le Préfet et le reconduisent presque en triomphe à son hôtel. Le soir, le drapeau tricolore est rétabli sur une des tours de l'horloge de l'Hôtel-de-Ville.

Mais, cette victoire de la raison ne dure qu'un instant : c'est le calme qui précède l'orage. Dans la nuit, les chefs secrets du mouvement appellent à leur secours les habitants de la campagne, et, dès le point du jour, le 28, l'émeute recommence. La foule, rassemblée de nouveau sur la place de l'Hôtel-de-Ville, demande à grands cris que le drapeau de l'Empire disparaisse. Une députation va sommer le Préfet de l'enlever et n'obtient qu'un refus énergique. Alors, les cris de : *Vive le Roi ! à bas le drapeau tricolore !* redoublent. Les plus alertes escaladent la tour de l'horloge, arrachent le drapeau aux trois couleurs, le traînent sur la place du Palais et le brûlent, en présence de la garde nationale et de la gendarmerie rangées en bataille devant les murs du Palais-de-Justice. A quatre heures, arrive en ville une bande de jeunes gens à cheval, des villes et des cantons voisins. Des officiers de la garde nationale vont prévenir le Préfet, qui répond qu'il fera respecter le drapeau tricolore sur la porte de son hôtel et que les agitateurs n'ont qu'à venir.

Dans la Préfecture, tout était prêt pour soutenir un siége. Les avenues étaient gardées. Autour du bivouac de la place de la Porte-Neuve étaient réunis les soldats du 45e, la compagnie des officiers en demi-solde et celles des sous-officiers et soldats retraités, les conscrits de la caserne des Lazaristes, les officiers espagnols du parti de Joseph, rentrés en France avec le frère de Napoléon et organisés depuis 1814 en compagnies sédentaires à demi-solde et quelques gendarmes à cheval, tous, conscrits ou vieux braves, également dévoués à l'Empereur, et prêts à verser leur sang pour son fils. A l'intérieur, une troupe de citoyens déterminés et bien armés gardait les portes des appartements. Pendant la nuit, on fit venir en hâte de Tonneins cent hommes du 44e de ligne. Avec ce renfort, M. Rouen des Mallets attendait sans crainte les événements.

La nuit fut agitée : la guerre civile était dans l'air ; dans la ville, on s'organisait pour un coup décisif ; dans les cabarets et les guinguettes des faubourgs, militaires, fédérés, femmes du

peuple, veillaient en répétant les patriotiques chansons de Désau-
giers et d'Émile Debraux et la Marseillaise, redevenue, comme
aux beaux jours de 92, le cri de guerre et d'indépendance.

Lorsque le jour parut, par toutes les portes de la ville arrivè-
rent, de Villeneuve, de Montpezat, de Clairac, Aiguillon, Tonneins, Laplume, Layrac, Astaffort, du Gers même et de Tarn-et-
Garonne, des milliers d'étrangers, gentilshommes des campagnes,
royalistes des petites villes, suivis de leurs valets et de leurs
paysans, la plupart à cheval, quelques-uns en uniforme de la
garde nationale, d'autres avec des habits de gardes-du-corps, de
gardes royaux, la cocarde blanche au chapeau, la décoration du
lys à la boutonnière. Toute cette foule, armée de bâtons, de fusils
de chasse, de piques, de faux, et qui compta bientôt, dit-on,
jusqu'à 4,000 hommes, entrait en criant de toutes ses forces :
Vive le Roi! A bas Bonaparte!

Les soldats étaient exaspérés. Pour prévenir une collision im-
minente, le Préfet convoqua, dans l'après-midi, les notables et
les autorités de la ville. C'était une trêve qu'il s'agissait de signer.
On convint que les deux partis seraient invités à se tenir tran-
quilles, à s'abstenir de part et d'autre des cris de : *Vive le Roi!
Vive l'Empereur!* et que le drapeau blanc resterait arboré à
l'Hôtel-de-Ville, le drapeau tricolore à la Caserne et à la Préfecture.

Le premier adjoint, M. Menne, part pour aller proclamer la
décision de l'assemblée sur toutes les places publiques. Il invite
les bons citoyens à se retirer ; mais, les plus impatients protes-
tent, rompent les faisceaux et s'apprêtent à marcher sur la Préfecture. Des rixes partielles s'engagent vers les six heures du
soir. La nouvelle en arrive aux soldats du poste de la Porte-
Neuve que rien alors ne peut plus retenir. Le général Bessières
entraîné donne l'ordre de marcher. La troupe s'avance vers la
ville au pas de charge, tambour battant : les volontaires royalistes, de leur côté, se mettent en mouvement. Les deux corps se
rencontrent dans la rue Porte-Neuve. Déjà, les fusils sont en

joue, les baïonnettes croisées : le sang va couler, lorsque le
brave major Maréchal se jette entre les deux partis et conjure
les chefs de s'aboucher. Ceux-ci étaient, d'un côté, le général
Bessières, de l'autre le général Vidalot, accouru de Valence dans
la journée, et que les royalistes, par un de ces bizarres revi-
rements qui n'étonnent personne aux jours de bouleversement,
venaient, malgré la sinistre notoriété attachée à son nom, de
proclamer leur chef sur la place de l'Hôtel-de-Ville. Les deux
généraux désiraient également empêcher l'effusion du sang. L'entrevue fut courte. Après quelques mots échangés, Bessières et
Vidalot ordonnèrent à leurs hommes de retourner à leurs postes.

Les soldats, ivres de colère, obéissent non sans murmurer et
rentrent au bivouac tout en désarmant, pour se consoler, les
bourgeois qu'ils rencontrent sur la route. Les officiers se mul-
tiplient pour arracher des mains de ces braves gens furieux les
personnes compromises auxquelles ils s'apprêtent à faire un
mauvais parti et parviennent peu à peu à les calmer. De leur
côté, les bandes du dehors s'éloignent de la ville. Pendant la
nuit, des charpentiers, conduits par des appariteurs, descendent
une seconde fois le drapeau blanc de la tour de l'Hôtel-de-Ville ;
la garde nationale improvisée cède à la ligne le poste de la Mairie
et, le 30 juin, le soleil en se levant, au lieu d'une scène de
carnage, n'éclaire plus que le paisible tableau d'une ville déjà
lasse de ses agitations, résignée et honteuse des désordres aux-
quels elle vient d'échapper.[1]

Le lendemain, le Préfet et le Maréchal-de-camp lançaient une
proclamation dont les premiers mots prouvaient qu'ils avaient
le sentiment de leur force et la ferme volonté de faire triompher
l'ordre. « Le calme est rétabli dans la cité, disaient-ils. Que

---

[1] Mss. Proché, p. 454 à 460. — *Journal de Lot-et-Garonne*, du 1er juillet
1815. — Rapport fait au Conseil municipal d'Agen, dans sa séance du 24 novembre 1815, contenant un exposé au point de vue royaliste des événements des
27, 28 et 29 juin.

« toutes les provocations cessent de part et d'autre. Que le cri
« de : *Vive la Patrie!* soit le seul qui se fasse entendre »

En même temps, pour donner plus de poids à ces paroles de
paix, de nouvelles troupes arrivent de Bordeaux et de Périgueux. Le général Bessières s'établit à la Préfecture, où la femme
et les filles de M. Rouen des Mallets, encore tremblantes, lui de-
mandaient en pleurant de venir les protéger. Le général Clausel,
qui tenait toujours Bordeaux pour le Gouvernement provisoire,
met le département de Lot-et-Garonne en état de siége, et envoie
le général Pigot avec ordre de désarmer les communes soule-
vées. Les fédérés s'organisent sous le commandement du capitaine
Sarrau et prennent possession du poste de la Préfecture.

Grâce à cet ensemble de mesures, la tranquillité rentra si bien
dans la ville d'Agen, qu'après avoir été la première à abattre les
glorieuses couleurs de 1789, elle fut peut-être la dernière ville
de France qui les conserva. Le roi était rentré à Paris, Napoléon
était monté à bord du *Bellérophon*, l'armée de la Loire avait re-
connu les Bourbons, et le chef-lieu de Lot-et-Garonne n'avait
pas encore repris le drapeau blanc.

Enfin, le 20 juillet, vers minuit, M. Rouen des Mallets partit
incognito, sous l'escorte de 20 chasseurs à cheval, et, au matin,
le drapeau blanc flottait sur tous les édifices publics et aux fenêtres de toutes les maisons.

Maintenant que ces événements, dont nous séparent quatre
changements de gouvernement, ne sont plus qu'une histoire
lointaine, il est permis de rendre au Préfet des Cent-Jours la
justice que lui refusèrent les contemporains. Placé au milieu des
événements les plus difficiles, entre une population hostile et
des amis dangereux, il sut rester bienveillant pendant le court
triomphe de l'Empereur, fidèle après la défaite, calme avec éner-
gie, habile sans faiblesse, et ce sera pour lui un éternel honneur
que d'être, pendant plus d'un mois, demeuré au sein d'une cité
subjuguée par ce grand courage, le représentant impassible,
sans peur et sans colère, d'une cause définitivement perdue, mais

qui, triomphante ou vaincue, n'en était pas moins celle de la patrie.

Le soir même du jour où le Préfet de l'Empereur vaincu quittait Agen sans savoir où porter ses pas, comme il le disait lui-même en s'éloignant, car, pour lui, le danger était partout, M. de Villeneuve rentrait en triomphateur, presque en souverain, dans cet hôtel, d'où trois mois auparavant il sortait en fugitif. Tandis que l'un fuyait, à peine protégé par la rapidité des chevaux de poste et le sabre de quelques gendarmes contre les fureurs d'une populace en délire, l'autre revenait comme un roi qui reprend possession de ses États, précédé d'un millier d'enfants ayant tous la cocarde blanche à leur chapeau, suivi d'une population hors d'elle-même et ayant peine à fendre les flots de la foule qui se pressait autour de son cheval et de celui de sa fille.

Pendant un mois, ce fut une continuelle ivresse. Tout était prétexte de fête. Danses populaires, banquets, illuminations se succédaient chaque soir. L'exaltation du parti victorieux éclata surtout le 25 juillet, à l'occasion de la translation du buste de Louis XVIII que M. de Villeneuve avait caché en partant à la maison de Las et qui fut solennellement ramené à la Préfecture, porté sur l'épaule de quatre officiers. L'année entière se passa dans ces transports qui duraient encore lorsque finit la seconde administration de M. de Villeneuve, appelé, le 8 octobre 1815, à la préfecture des Bouches-du-Rhône.

Pendant cette période critique qui vit ailleurs tant de scènes de sang, le pays lui dut d'être demeuré, hâtons-nous de le dire, à l'abri de toutes les fureurs des réactions. L'entraînement, le besoin de déployer un zèle d'autant plus ardent que son ancien dévouement à l'Empereur le rendait plus suspect au nouveau pouvoir, avaient pu dans un jour néfaste dicter à M. de Villeneuve un acte de faiblesse qui pèsera sur sa mémoire. Mais, son esprit distingué et bienveillant n'avait pas cessé de s'élever au-dessus des passions du moment et, dans un temps où les plus forts s'humiliaient devant les colères des partis, il eut la gloire de résister aux exigences de toutes les passions mauvaises de son entourage et de faire constamment respecter autour de lui le droit et l'humanité.

Aussi, est-il vrai de dire qu'à son départ il fut accompagné par les bénédictions de la ville entière. Lui-même ne se séparait pas sans un serrement de cœur de cette contrée où s'était écoulée la meilleure part de sa vie. En s'éloignant, il voulut laisser à l'hôtel qu'il avait inauguré un souvenir de son passage. Par une lettre datée du 18 octobre 1815, il priait le président du Conseil général d'accepter, au nom du département, l'hommage du plan en relief du château de Nérac qui ornait le cabinet du Préfet et trois dessins en broderie, provenant sans doute du château d'Aiguillon, qui sauvés de l'auto-da-fé du 1er vendémiaire an II, avaient été mis entre ses mains par l'estimable M. Menoire. Dans sa séance du 8 juin 1816, le Conseil général déclara accepter avec reconnaissance le don qui lui était fait, chargea son président de témoigner à M. de Villeneuve l'expression des regrets qu'avait laissés son administration, et délibéra que sa lettre et la réponse du président de l'assemblée seraient toutes deux insérées au procès-verbal de ses séances.[1]

Le plan en relief du château de Nérac a été envoyé dans cette ville, à l'occasion du passage du duc d'Orléans, en 1839, et reste déposé aux archives de la maison commune. Les trois petits tableaux en tapisserie, représentant la Cène et des sujets tirés de l'Ancien-Testament, font aujourd'hui partie de la galerie de tableaux de la Préfecture et y perpétueront le souvenir d'un des hôtes les plus dignes et les plus aimés de cette demeure princière.

A partir de l'administration de M. de Villeneuve jusqu'en 1841, l'Hôtel de la Préfecture n'est plus mêlé à l'histoire politique du pays que par les passages des princes, sujet un peu

---

[1] Cahiers des délibérations du Conseil général, année 1816.

monotone et dont on nous permettra de ne toucher que les points les plus saillants.

En 1815, MADAME, duchesse d'Angoulême, traverse Agen le 1ᵉʳ septembre en se rendant à Toulouse. L'enthousiasme royaliste était encore dans toute sa force. Des jeunes gens dételèrent la voiture de la princesse et la traînèrent sous une voûte de tentures et de guirlandes, à travers les rues parsemées de fleurs. Il fallut quatre heures au cortége pour traverser la ville et arriver à la Préfecture, où des milliers de bras enlevèrent la princesse et la déposèrent sur un fauteuil, au milieu des femmes de toutes les classes qui venaient embrasser ses genoux, toucher ses vêtements, implorer un regard. Le 1ᵉʳ mars 1823, nouveau voyage de la princesse, qui n'est marqué que par des actes de bienfaisance. A son retour, elle repasse à Agen, le 28 mai, et repart le lendemain matin, après avoir entendu la messe à la Préfecture. Par sa délibération du 8 juin suivant, le Conseil général « considérant que les passages récents de S. A. R. Madame la duchesse d'Angoulême avaient donné lieu pour sa réception dans l'Hôtel de la Préfecture à quelques dépenses qui, par leur nature, intéressent l'universalité des citoyens et qu'il était du devoir du Conseil de revendiquer pour le département le droit d'en faire les honneurs en son nom, délibère que le Préfet sera prié de faire payer ces dépenses sur les fonds de réserve portés au chapitre XI du budget de 1824. »

En 1828, la duchesse de Berry fait une apparition à Agen. « S. A. R., écrivait quelques jours auparavant sa dame d'honneur la maréchale Oudinot, ne faisant ce voyage que pour se reposer dans l'intervalle de ses bains, et n'ayant d'autre intention que de visiter les habitants de la ville d'Agen, désire qu'il ne lui soit préparé aucune fête.[1] » La princesse arriva le 18 août. A son approche, la garde nationale s'était réorganisée

[1] Archives de la Préfecture.

comme par enchantement. Pour la première fois, les dames
étaient admises à une réception princière. L'enthousiasme fut
grand. L'amour était dans tous les cœurs, la fidélité dans toutes
les bouches. Deux ans après........ Les destins et les flots ne sont
pas seuls changeants ! [1]

Lorsque, le 2 août 1830, le courrier de Périgueux apporta à
Agen la première nouvelle de la Révolution de Juillet, le calme de
la ville contrasta de la façon la plus étrange avec les ardeurs du
sentiment royaliste qui agitait ses rues aux premiers jours de la
Restauration. Aucun désordre, aucun trouble n'agitèrent la cité
naguères si impressionnable. Le conseiller de préfecture, Préfet
par intérim, le Maire, les adjoints furent contraints de conserver
leurs fonctions pendant les premières heures de danger, soutenus
plutôt que surveillés par la Commission préfectorale et la Commission municipale, créées spontanément et qui leur furent ad-
jointes. Pas un cri de haine ne se fit entendre sous les murs de
cette Préfecture, rendez-vous né de toutes les manifestations
populaires et, à lire à trente ans de distance le récit de ces premiers jours du nouveau régime dans cette ville qu'un orateur
nommait non sans quelque orgueil *la ville modèle de l'ordre*,
on croirait plutôt assister aux fêtes civiques d'un renouvellement
municipal qu'au lendemain de la chûte d'un trône.

« Dieu le veut ! » disait en s'éloignant le vieux conseiller de
préfecture Lacoste, sur lequel reposait dans ces moments criti-
ques la responsabilité de l'honneur administratif, et chacun,
vainqueur ou vaincu, de répéter avec la même foi ou la même
résignation : « Dieu le veut ! »

Ce fut tout. Le 13 septembre, le premier Préfet du gouvernement de Juillet, M. Croneau, s'installa à Agen. La garde nationale,
organisée depuis quelques jours, vint, précédée de sa musique,

[1] Relation du séjour de la duchesse de Berry, par le Préfet M. de la Conver-
serie (Arch. de la Préfecture).

saluer avec les autorités le représentant du nouveau pouvoir. Le
soir, les cantates patriotiques, exécutées par des chœurs d'amateurs, les artistes dramatiques et les musiciens de la garde nationale, retentirent dans la cour d'honneur et, dès le lendemain,
les choses reprirent leur cours, comme si une révolution n'avait
pas passé par là !

Il y a loin de ce paisible changement de décor politique aux
scènes tumultueuses des premiers jours de la Restauration, à
l'échange ardent de provocations, d'insultes, de colères, qui
saluait en 1815 la chûte de la Révolution et de l'homme de génie
dans lequel sa gloire s'était incarnée. Comment en si peu de
temps s'était accompli ce changement, ce n'est pas à nous de le
dire. Une telle étude s'écarterait trop de notre sujet. Après tout,
ces rapides évolutions ne sont pas particulières à l'Agenais et le
Midi tout entier a trop souvent assisté à de pareils spectacles
pour s'en étonner plus qu'il ne convient. Ces promptes imagina-
tions comprennent tout, saisissent tout, ressentent tout si vite
que le travail des années s'y fait en quelques heures : mais, par
une juste compensation, les caractères portent la peine de cette
facilité excessive d'assimilation. Sous ce climat béni, les sensa-
tions sont trop vives pour être profondes : la passion s'évapore
volontiers en malins propos, en subites émotions, et à moins que
les excitations du dehors ne viennent troubler ces esprits ingé-
nieux, ces cœurs faciles, les Athéniens du midi de la France
passent de Critias à Thrasybule, de Démosthènes à Philippe,
sans qu'il y ait plus à compter sur la durée de leur enthousiasme qu'à s'inquiéter de l'obstination de leur résistance.

Dans ces pays voués exclusivement à la culture et que ne re-
muent ni les agitations de la pensée, ni les vicissitudes de l'industrie, les années et les gouvernements se succèdent d'ailleurs
sans presque laisser trace. De la monarchie de Juillet, le seul
souvenir qui restera bientôt dans le département de Lot-et-
Garonne, ce sera le Canal latéral et le magnifique Pont-aquéduc,
œuvre vraiment romaine, poëme de pierre, qui conservera sa

place entre le pont du Gard et l'aquéduc de Roquefavour.
L'inauguration de ce monument amena en 1839 à Agen l'héritier
présomptif d'une couronne que son possesseur ne devait pas
transmettre, et c'est par là que nous rentrons dans le sujet
qu'embrasse cette étude restreinte.

Le roi Louis-Philippe avait confié à son fils l'honneur de poser
la première pierre du Pont-Canal d'Agen. Le 25 août 1839, le
prince royal Ferdinand d'Orléans fit son entrée dans cette ville,
accompagné de cette jeune et malheureuse femme qui n'a connu
du trône que les angoisses et les dangers. La duchesse fut reçue
à la Préfecture par un essaim de jeunes filles, habillées de blanc,
et portant des corbeilles de fleurs, sans lendemain, comme la
destinée de celle à qui elles étaient offertes. A leur tête se trouvaient la fille du Maire, Mlle Marie de Raymond, et une enfant
qui promettait déjà tout ce qu'elle a tenu, Mlle Brun, la fille du
Préfet. Se détachant du groupe de ses compagnes, celle-ci pro-
nonça d'une voix émue quelques vers où un esprit prévenu eût
pu lire une sorte de consolation anticipée adressée à celle dont le
bandeau royal ne devait être qu'un voile de veuve :

> Nos sœurs au bord de la Garonne
> Ont cueilli ces bouquets pour vous.
> Puisse leur poids vous sembler doux
> Et plus léger qu'une couronne !

Fatiguée par une longue course sous un soleil ardent, sur une
terre privée depuis plusieurs mois des rosées du ciel, la duchesse
d'Orléans, qui allait bientôt devenir mère pour la seconde fois,
n'assista ni aux réceptions ni à la cérémonie de la pose de la première pierre. Les harangues officielles ne présentèrent du reste
rien de remarquable, et si nous croyons devoir rappeler ici une
phrase de la réponse du Prince au commandant de la garde nationale, M. Baze, c'est qu'elle semble emprunter aux événements
qui se sont passés sous nos yeux quelque chose de saisissant :

« Mon père, dans toutes les circonstances , lui dit le royal ora-
« teur, s'est appuyé sur la garde nationale qui représente la na-
« tion armée : toujours il réclamera son concours. » Ce concours en effet fut réclamé dix ans plus tard. On sait ce qu'il a
produit. L'homme est prophète souvent en croyant ne faire que
l'histoire du passé.

Quand une de ces grandes existences, sur lesquelles reposent les
destinées d'un peuple , est moissonnée avant le temps , le vide
qu'elles font est si grand , le bruit de leur chute est si longtemps
à retentir, que les peuples ont peine à croire que la Providence
s'y soit prise à une seule fois pour les frapper. Une secrète super-
stition leur persuade que des voix fatidiques ont dû prédire ces
catastrophes imprévues, et leur curiosité se plaît à rechercher
dans les traits les plus ignorés de ces vies avortées le présage
funeste qui annonçait leur fin prématurée. C'est la loi de notre
nature. Il nous répugne de croire que, dans la balance divine,
le fils des rois et le ver de terre pèsent du même poids.

Pendant le séjour du duc d'Orléans à Agen , il se passa un de
ces événements que l'imagination frappée de plus d'un specta-
teur dut, après la catastrophe de la rue de la Révolte , consi-
dérer comme un avertissement d'en haut. Le Prince avait à la
hâte passé dans la cour de la Préfecture la revue de la garde
nationale et des troupes de ligne : il avait présidé, sur le chan-
tier du Pont-Canal, à l'imposante cérémonie dont le tableau de
Court perpétue le souvenir. Invité à venir dans six ans monter le
premier bateau qui franchirait la Garonne, il avait accepté l'augure
que sa destinée devait sitôt démentir. Le soir, pendant le bal
officiel de l'Hôtel-de-Ville , il voulut assister à la fête populaire
qui rassemblait au Champ-de-Mars la foule accourue de tous les
points du département. La voiture qui le portait roulait rapide-
ment sous les allées du Gravier. Tout à coup, un timon se
rompt , le cocher est renversé de son siége, les chevaux s'em-
portent , la voiture est entraînée vers la Garonne. Un cri part de
trente mille poitrines ; on accourt ; on coupe les traits ; les che-

vaux s'arrêtent ; le Duc est sauvé.[1] Qui sait, lorsqu'un an plus
tard un de ces coups que le sort tient toujours en réserve vint
briser sur le pavé d'une grande route l'avenir d'une monarchie,
si l'infortuné ne vit pas repasser devant ses yeux comme dans
un éclair la scène du Gravier d'Agen ?

Mais, dans la vie, le rire se mêle partout aux larmes. Le lendemain, à l'émotion de la mort entrevue de si près succédait un
incident presque burlesque. L'heure marquée pour le départ du
duc d'Orléans était sonnée ; les chevaux piaffaient d'impatience ;
tous les yeux cherchaient la garde nationale. Rien. Le signal est
donné. L'escorte s'ébranle. Déjà les voitures princières ont fran-
chi le pont et s'élancent sur la route de Nérac. Le bruit attardé du
canon vient alors frapper les oreilles du duc. C'est la garde civi-
que essouflée, haletante, qui se précipite dans la cour de la Préfecture..... un quart d'heure, hélas ! juste après que tout le
monde a pris son vol.[2]

---

[1] M. Baze accompagnait le duc dans cette promenade. « Comment, lui dit le
« Prince, vous êtes le seul qui n'ayez pas eu peur ! Pour mon compte, j'ai cru
« que j'allais goûter malgré moi de l'eau de la Garonne. »

Parmi les réponses du duc d'Orléans aux harangues qui lui furent adressées, il
en est une qui mérite d'être citée, parce qu'elle porte le cachet du bon sens pratique ; c'est celle qu'il fit à la Société d'Agriculture. « Le remède aux maux de
« l'agriculture, dit-il, dépend principalement des populations elles-mêmes qui
« doivent être les premiers juges de la convenance et des avantages de tel ou tel
« mode de culture et auxquelles ne manqueront jamais l'appui et les encoura-
« gements du Gouvernement. » C'était fort sagement marquer la limite qui sépare
l'appui dû par l'État à la première des industries, du système de la protection à
tout prix qui nuit plus encore à la propriété elle-même qu'au budget national.

[2] *Journal de Lot-et-Garonne*, nos des 17, 27, 29 août 1839.

Le Conseil général s'assembla le jour même où le duc d'Orléans quittait Agen,
et, le 30 août suivant, il mit à la disposition du Préfet les sommes nécessaires
pour solder les dépenses de grosses réparations faites aux bâtiments de l'Hôtel de
la Préfecture à l'occasion du passage du Prince et évaluées à 8,466 fr. Une lettre
du Ministre de l'Intérieur avait informé l'Administration départementale que le
Prince royal supporterait toutes les dépenses d'appropriation et d'ameublement
nécessitées par son séjour à la Préfecture. Elles se montèrent à 4,527 fr. 29.

Pendant que le Prince rit de cette petite mésaventure, le corps d'officiers se réunit désespéré chez son commandant, et prie le Préfet de porter aux pieds de LL. AA. RR. l'expression des regrets que cause à la garde nationale le malentendu qui l'a empêchée de les saluer de nouvelles acclamations au moment du départ. Et chacun de s'amuser aux dépens de la milice citoyenne et les quolibets de courir jusqu'au jour où d'autres bâtons flottants vinrent porter d'un autre côté la verve des railleurs et faire oublier la déconvenue de la pauvre garde nationale d'Agen.[1]

Ainsi, pendant vingt-cinq ans, la Préfecture n'avait guère assisté qu'à des fêtes et aux joies populaires, lorsqu'en 1841 les premières agitations de la rue, sinistre avant-coureur des tempêtes prochaines, vinrent y réveiller les échos de l'émeute endormis depuis 1815. Qui se souvient encore du recensement et des orages soulevés par les circulaires de M. Humann? Qui, surtout, se rappelle, s'il l'a jamais comprise, la raison de ce frisson soudain qui enfiévra la France de Toulouse jusqu'à Lille? De ces controverses, dont les auteurs ne s'entendaient pas mieux entre eux, sans doute, que les partisans et les adversaires du Père Quesnel et de la bulle, il ne reste aujourd'hui, qu'un mot fort remarquable pour l'époque, prononcé par la *France méridionale,* au lendemain des tristes scènes de Toulouse, et qu'il n'est pas messéant de répéter, même en nos jours d'autorité et de force : « Il a fallu la leçon qu'il vient de recevoir pour donner l'éveil

---

[1] Monsieur le Secrétaire, il reste un regret à la garde nationale d'Agen, celui de n'avoir pu, par de nouvelles acclamations, saluer LL. AA. RR. au moment où elles ont quitté nos murs.

Cette circonstance tient uniquement à un malentendu. Bien que le départ eût été fixé pour sept heures, l'adjudant de service paraît n'avoir reçu des ordres que pour huit heures. Aussi LL AA. RR. venaient-elles de partir, lorsque la milice citoyenne accourait vers la Préfecture. Le canon seul a pu faire arriver jusqu'à elles les nouvelles manifestations des Agenais, etc. *(Lettre du Préfet au Secrétaire des commandements de S. A. R. Madame la duchesse d'Orléans,* 3 *septembre* 1839).

au pouvoir.... Espérons que les délégués de l'autorité centrale parmi nous ne laisseront plus tomber de leurs mains *ce pouvoir, qui est aussi une de nos libertés.* » .

Tandis que gazetiers et tribuns des conseils municipaux dissertaient à perte de vue, la logique des barricades traduisait dans la rue, en bon français, la creuse phraséologie des rhéteurs. On n'a pas encore perdu la mémoire des folles équipées de Villeneuve et de Sainte-Livrade. C'était l'avant-goût de 1848, de 1851, l'aveuglement frayant la route au désordre. Agen aussi eut sa part d'agitation. Mais, là, nous pouvons le dire avec quelque fierté,— car c'est une humiliation pour tous quand le pouvoir s'abandonne — celui qui représentait le Gouvernement fut à la hauteur de sa mission. Le 11 août 1841, une énergique proclamation de M. Brun, avait été affichée sur les murs de la ville. En quelques instants, tous les exemplaires en furent lacérés, couverts d'ordures, et le bruit se répandit qu'un charivari serait donné le soir même au Préfet. Deux jours de suite, en effet, le 12 et le 13 août 1841, de neuf à onze heures du soir, une foule de tout âge et de tout sexe accourut au rendez-vous. Des groupes se formaient sur la place du Palais et se portaient de là, en vociférant la *Marseillaise*, vers l'Hôtel de la Préfecture. La foule criait, hurlait, sifflait. Comme toujours, les curieux applaudissaient. Les femmes menaient là leurs enfants comme au spectacle. Mais, le Préfet, M. Brun, n'était pas homme à laisser ainsi avilir l'autorité. Quand le rassemblement déboucha sur la place de la Préfecture, il se trouva en face des quinze hommes de garde, la baïonnette au bout du fusil et résolus à bien faire. Bientôt, le groupe des perturbateurs devient menaçant. Les cris : *A bas Humann! A bas le Préfet!* s'élèvent de toutes parts. Des cailloux sont lancés, des réverbères brisés. C'était assez de patience. Les trois sommations ont lieu et le piquet de troupe de ligne, la baïonnette croisée, s'avance sur les criards qui se dispersent aussitôt.

Le lendemain matin, quelques arrestations eurent lieu. En

même temps, plusieurs brigades de gendarmerie furent con-
centrées au chef-lieu. Cinq cents hommes du 10e de ligne, dé-
barqués à Tonneins la veille et destinés à Sainte-Livrade, reçurent
contre-ordre en route et se rendirent à marche forcée sur Agen
où ils entrèrent à quatre heures du matin. Néanmoins, vers neuf
heures du soir, de nouveaux rassemblements reprenaient le
chemin de la Préfecture : mais, la présence des troupes, plus
nombreuses que la veille, les intimida. On arrêta quelques perturbateurs et les groupes se dispersèrent. Pendant la nuit, des
patrouilles de gendarmerie à pied et à cheval et de sergents de
ville parcoururent tous les quartiers. Une batterie d'artillerie
fut envoyée de Toulouse. Ce fut la fin des troubles et l'émeute
alla, cinq jours après, dire son dernier mot sur les bancs de la
police correctionnelle.

Là, figuraient pèle-mêle paysans, ouvriers, tapageurs, un
revendeur de tortillons, un enfant de quatorze ans, pris cassant
les réverbères, B...., le portefaix, qui allait criant, le 12 août :
« Eh quoi ! quinze hommes, vous font peur : vous êtes tous
« des lâches ! » Personnel de l'émeute, éternellement le même,
à Paris, à Lyon, partout, toujours prêt à casser les vitres, en
attendant qu'il déchire la cartouche. Quant aux chefs, suivant
leur habitude, ils étaient prudemment restés dans la coulisse :
là, comme ailleurs, la justice ne trouva devant elle que les soldats
d'avant-garde, les enfants perdus du parti, et en fit bon marché.
Trois des moins compromis furent renvoyés absous : les quatre
autres en furent quittes pour quinze jours ou un mois d'empri-
sonnement ; le plus coupable, pour deux mois de la même peine.[1]

Les troubles du recensement n'étaient que le présage lointain
de la grande commotion de 1848.

Nous n'entrerons pas dans le récit des événements qui la si-

---

[1] *Journal de Lot-et-Garonne*, nos des 14, 21 août 1841. — *Mémorial
Agenais*, nos des mêmes dates.

gnalèrent dans notre ville. Cette histoire d'hier, déjà si loin de
nous, en est trop près encore pour qu'il convienne de remuer
les cendres chaudes de l'incendie. Agen, d'ailleurs, n'a pas oublié
les scènes de ces quatre années de tempête ; M. Brun, escorté au
départ par une population à laquelle l'effervescence du moment
n'a rien ôté, disons-le à sa louange, ni de son aménité, ni de
son respect pour la disgrace noblement acceptée ; commissaires,
préfets, émanations éphémères d'un pouvoir passager, se pous-
sant, se chassant de la Préfecture, partant un jour pour reve-
nir le lendemain ; ce club installé, sous le nom de comité élec-
toral, au milieu des salons de cet hôtel sans maître, vive image
de l'anarchie de ces premiers jours; M. Bérard donnant le signal
du retour à l'ordre, en renvoyant ces hôtes incommodes (17
mars); le rappel battu dans les rues pour soutenir l'autorité
qui se réveille ; l'entrée du commissaire-général Joly et les manifestations des hommes de la première heure, du *Club répu-
blicain de l'ordre et du travail*, leurs démonstrations mena-
çantes lorsque, dans la soirée du 21 mars, le jour même où, à
Paris, cent mille ouvriers se levaient à la voix de Blanqui, ils
viennent à la lueur des torches, drapeau en tête, se donnant le
bras par quatre et par six de front, défiler dans la cour de la
Préfecture devant le proconsul toulousain et lui dénoncer la
réaction qui relève la tête, ou lorsque, quelques jours plus tard
(8 avril 1848), ils y reparaissent pour saluer le court triomphe
de MM. Lesseps et Dubruel ; et, enfin les angoisses où tout un
peuple vécut depuis le moment où, à la première nouvelle de la
grande lutte de juin, la municipalité d'Agen fit enlever de la
Préfecture, par ses canonniers, au bruit des fanfares, les canons
donnés à la ville, en 1831, jusqu'à l'heure solennelle, où, tandis
que l'insurrection promenait le drapeau de feu dans la moitié du
département, tandis que, sur la place du Palais, les fusils des
partis en présence semblaient prêts à partir d'eux-mêmes, le
Préfet, dans son hôtel, entouré de quelques amis et d'une poi-
gnée d'hommes, attendait de sang-froid les bandes des Landais

soulevés, prêt à mourir pour le devoir, pour la société en péril et pour celui qui venait de la sauver (4 décembre 1851).

Hâtons-nous de secouer les souvenirs de ce mauvais rêve et arrivons enfin à l'entrée de Louis-Napoléon à Agen, au lendemain du coup d'Etat, lorsque porté, pour ainsi dire, sur les bras de la nation, il faisait à travers le Midi et le Centre ce voyage triomphant dont le couronnement fut la dernière étape.

Le 5 octobre 1852, à cinq heures et demie, le Prince-Président passait sous l'arc-de-triomphe de la Porte-du-Pin, dont l'inscription, dans sa brève éloquence, résumait en un mot la pensée du pays :

AGEN EST A VOUS!

10 DÉCEMBRE 1848. — 20 DÉCEMBRE 1851.

A côté du Prince, dans sa voiture, était assis le vaillant homme de guerre qui, trois ans plus tard, baptisa la première victoire du second Empire, le général Saint-Arnaud; dans les voitures de la suite, deux autres ministres, enfants de la terre du Midi, enlevés bien jeunes à la reconnaissance de la patrie et à l'affection de leur maître, Hippolyte Fortoul, le réorganisateur de l'Université, Théodore Ducos, le créateur de la flotte de Crimée, et avec eux le général d'Hautpoul, les aides-de-camp et les officiers d'ordonnance du Président.

Plus de quarante mille hommes se pressaient sur le Gravier et dans la rue Palissy pour saluer le neveu de Napoléon. Les députations de toutes les communes du département, avec leurs bannières vertes aux franges d'or, les vétérans de la République et de l'Empire, dont le nombre s'élevait à plus de trois mille, formaient la haie sur son passage. Le cortége du Prince fendait avec peine, sous une pluie de fleurs, les flots de cette foule enthousiaste, et pendant le trajet, qui dura plus d'une heure et demie, le cri de : *Vive l'Empereur!* ne cessa de retentir autour de l'élu du 10 décembre.

En arrivant à la Préfecture, le Prince remit la croix d'honneur
à Mgr l'évêque d'Agen, au Sous-Préfet de Villeneuve, M. Delcer,
à M. Merle de Massonneau, maire d'Aiguillon, à l'avocat-général
Requier, à MM. Boigeat, Darodes, Trenty, d'Ambry, Pascal,
Roulph.

Pas de discours, mais des aumônes sans mesure ; des grâces
accordées par centaines aux condamnés politiques ; la clémence
et le bienfait partout.

Enchanté de la réception des Agenais : « Donnez, donnez, »
disait Louis-Napoléon au Préfet, « je signerai tout ce que vous
« voudrez. »

Le soir, un bal magnifique inaugure la splendide salle des
Aigles¹ et, le lendemain, à la vue de tout ce peuple qui couvre les
rives de la Garonne, l'embarcadère, les ponts, les embarcations
entassées à l'entour du bateau présidentiel, au milieu de ces cris
de joie, de ces salves d'applaudissements, de cette splendide na-

---

¹ Cette salle, une des plus belles de ce genre, est de construction récente. Elle
occupe l'emplacement de la grande salle à manger de l'Evêque et de la rotonde
qui n'avait jamais été terminée, et qu'en dernier lieu un des préfets du département avait convertie en orangerie. Dans la session du Conseil général de 1850,
M. de Richemont, ancien député et depuis membre du Corps-Législatif, proposa
d'y transférer la salle des séances de cette assemblée, dont le régime de publicité
établi en 1848 avait changé toutes les conditions d'existence. La question fut mise
à l'étude, le projet adopté dans la session suivante, le 27 août 1851, et un premier
crédit de 14,400 fr. voté pour son exécution. Le 25 août 1852, un nouveau crédit
de 7,000 fr., augmenté de 1,000 fr., en 1857, fut accordé pour le même objet.
Dans l'intervalle des deux sessions de 1851 et 1852, la loi du 7 juillet 1852 avait
supprimé la publicité des séances des Conseils généraux, et l'approche du passage
du Président de la République avait fait modifier la pensée primitive et déterminé
l'Administration à l'approprier à la double destination qu'elle a conservée, salle
des réunions du Conseil général et galerie de bal, dans les grandes réceptions. La
salle des Aigles a 19 mètres de longueur sur 10 de largeur. Les belles dimensions
et la richesse de la décoration font honneur à l'architecte, M. Bourrière. Peut-
être est-il permis de regretter l'insuffisance des dégagements et le défaut de communication avec les pièces voisines.

ture, de cette explosion populaire de joie et d'enthousiasme, le Prince s'éloigne tout ému, en redisant : « Dieu! que c'est beau! « que c'est beau ! [1] »

L'inscription avait raison : *Agen était à lui!* et Napoléon, en serrant la main du Préfet de Lot-et-Garonne, lui laissait pour adieu ces mots : « J'ai eu de bien belles journées dans mon « voyage, mais celle-ci est une des meilleures. »

De ce séjour mémorable du Prince à Agen, à l'Hôtel de la Préfecture, il reste un monument que les générations se transmettront comme une glorieuse relique : c'est la table sur laquelle, dans la nuit du 6 décembre, fut écrit le fameux discours de Bordeaux. Placée à côté des débris du mobilier de la chambre où reposa, en 1808, l'Empereur Napoléon Ier, cette table, désormais historique, contribuera à former pour le département un musée des Souverains, où la postérité viendra d'âge en âge chercher la trace du passage des deux grandes figures du XIXe siècle, Napoléon Ier et Napoléon III!

Ici s'arrête le récit des événements dont l'Hôtel de la Préfecture d'Agen a été témoin depuis 1773 jusqu'à nos jours. Il nous reste, pour compléter cette esquisse, à dire quelques mots des modifications qu'a subies cet édifice depuis son affectation au service départemental.

Des projets pour la rectification de l'avenue de la Préfecture avaient eu lieu avant la chute de l'empire. Mais, le malheur des temps empêcha de rien exécuter. Quand la Restauration arriva, il fut question de rendre l'ancien palais épiscopal aux successeurs de M. de Bonnac. Ceux-ci se gardèrent bien d'accepter un cadeau aussi onéreux, et la Préfecture en fut quitte pour céder au Séminaire, en 1817, une partie du jardin dont elle avait été mise en possession par le décret de 1808.

---

[1] Voyage de S. M. Napoléon III dans les départements de l'Est, du Centre et du Midi de la France, par F. LAURENT. Paris, 1853. — *Journal de Lot-et-Garonne*, numéros des 5, 7, 12, 14 octobre 1852.

Jusqu'en 1824, on ne fit rien pour sauver d'une ruine immi-
nente ce bel hôtel dont la destinée semblait être de ne jamais être
fini. A cette époque, cependant, le Conseil général commença à
voter quelques fonds pour le renouvellement des banquettes et
des marches d'escalier et la réparation des plafonds. En 1838,
l'état inquiétant des corniches et du balcon qui surmonte le
perron de la cour d'honneur, attira l'attention : 6,400 fr. furent
alloués en 1839, et 18,000 fr. en 1840 pour leur reconstruc-
tion. La réparation des façades fut reprise de nouveau en 1855
et exigea encore une somme de 11,350 fr.

Mais, ce n'est réellement que sous l'administration de M. Jules
Ducos, que la restauration de l'hôtel fut entreprise et poussée
à fin avec autant de suite que d'intelligence. Dans son rapport
au Conseil général pour la session de 1857, l'honorable magistrat
résumait ainsi les résultats obtenus par cette persévérante
initiative :

« La Préfecture était, il y a cinq ans, dans une déplorable situation. Les parties intérieures de l'Hôtel n'avaient jamais été
achevées et l'action du temps faisait subir à l'intérieur des dégradations considérables. Grâce aux allocations successives que
vous y avez affectées, ce magnifique bâtiment a été préservé d'une
ruine certaine, et il est enfin devenu digne de sa destination. Tous
les appartements de réception ont été décorés, sinon avec luxe,
du moins d'une manière convenable. La salle des Aigles a été
construite à grands frais, à cause des modifications profondes
qu'il a fallu apporter sur ce point à la division des appartements
et au système de la charpente. Le cabinet du Préfet et ses abords,
la salle d'adjudication où se tenaient autrefois vos séances, le
Conseil de préfecture, les Archives,[1] les bureaux des employés et

---

[1] Le local des Archives, qui était dans un état peu propre à leur conservation,
fut réparé en 1854. Il est aujourd'hui devenu insuffisant et nécessitera une aug-
mentation prochaine. Les archives historiques des communes y ont été réunies
en 1859.

ceux des agents de la vicinalité, ont été l'objet d'une réparation à peu près complète. Le spacieux vestibule du premier étage a été créé. Il en a été de même de l'appartement de l'horloge, de la chambre d'honneur et de ses dépendances.[1]

« A l'extérieur, la façade du nord a été remaniée et rajeunie dans une grande partie de son développement. Le perron, qui tombait de vétusté, a été remplacé en pierre de Vianne, et dans une forme qui le met en harmonie avec le style de l'édifice ; les bâtiments et les murs latéraux, ainsi que le portail d'honneur, ont été remis à neuf.

« Toutes ces transformations ont naturellement entraîné d'assez fortes dépenses ; mais, il ne faut pas s'effrayer de leur élévation. J'ai cru devoir en faire le relevé exact sur les comptes des cinq dernières années : elles ne dépassent pas le chiffre de 69 mille 828 fr. 80 c. »

Pour compléter son œuvre, M. Ducos demandait encore au Conseil général un crédit de 21,800 fr., qui lui fut accordé, et qui a servi, sous le Préfet actuel, à l'achèvement des appartements du premier étage et à la restauration de l'escalier monumental qui y conduit.

Mais, de tous les travaux exécutés par M. Ducos, le plus important sans doute, et celui qui lui fait le plus d'honneur, est la création de la nouvelle avenue de la Préfecture.

Dès 1813, l'opinion publique se préoccupait de l'indécence de l'allée qui conduisait à l'Hôtel de la Préfecture et le Conseil général, dans sa séance du 22 mai 1813, exprimait le désir de faire disparaitre les masures qui en masquaient l'entrée. Un projet élaboré par l'ingénieur en chef, M. Saint-Genis, et qui reste déposé aux Archives, avait reçu l'approbation de cette assemblée. Il

---

[1] La chambre d'honneur, dont l'appropriation fut votée en 1855, est placée dans la pièce qui était primitivement consacrée à la chapelle de l'Empereur. Malgré le luxe qui a présidé à sa décoration, elle est assez peu commode pour sa nouvelle destination.

s'agissait d'aliéner l'arrière-cour de l'Hôtel et une portion de l'enclos du jardin dont le prix aurait servi à acheter les trois masures dont on demandait la démolition. Au débouché de la Porte-Neuve et de la Plate-Forme, une place circulaire, au milieu de laquelle aurait été placé un monument consacré à l'Empereur, eût servi à relier la vieille ville au quartier de la Préfecture. Le Ministre de l'Intérieur souleva quelques difficultés : le projet n'eut pas de suite et il ne fut repris qu'en 1857. A cette époque, sur la proposition du Préfet, le Conseil général venait de décider la construction sur les terrains voisins de l'Hôtel, des Prisons et du Palais-de-Justice. Ce plan, dont le département attend encore la réalisation, ne permettait plus de conserver l'étroite et tortueuse allée qui attristait les abords de la Préfecture. On résolut d'abaisser de près de deux mètres le sol de la route départementale n° 10, du haut de la rue Palissy à la naissance du cours de la Plate-Forme, de raser les ignobles masures qui, depuis trois quarts de siècle, semblaient insulter de leur contraste ironique le palais de M. de Bonnac, et de régulariser la pente qui aboutit à la cour de l'Hôtel. Les travaux de nivellement furent entrepris en 1858 et terminés dans le courant de la même année.

Les résultats dépassèrent l'attente des Ingénieurs eux-mêmes. La façade principale de l'Hôtel, débarrassée d'un odieux voisinage, sembla grandir tout à coup et se révéler pour la première fois dans son étendue. Après 75 ans, la pensée de l'architecte se manifestait enfin tout entière.

Dans quelques jours, si les plans adoptés par le Conseil général reçoivent la sanction du Gouvernement, vont commencer autour de l'Hôtel de la Préfecture les grands travaux destinés à faire du siége de l'Administration départementale le centre d'une ville jeune, aérée, fière de ses larges rues, cité du luxe, des loisirs lettrés, placée comme un trait d'union entre le vieil Agen, la ville du transit et du commerce, et la ville de l'industrie et du travail qui s'élève au faubourg du Pin avec ses hautes cheminées, ses usines et sa bruyante activité.

Qu'on se représente les lignes sévères du nouveau Palais-de-Justice, et son fronton attique se détachant sur l'azur du ciel, côte à côte de la longue façade dessinée par Leroy ; la voie magistrale de douze mètres de largeur, qui, partant de l'esplanade du Séminaire, court jusqu'à la Route-Neuve, en passant devant le front de ces deux édifices ; le vaste square, destiné à consoler Agen de la perte des beaux ombrages du Gravier, qui, entre la rue nouvelle et la promenade de la Plate-Forme, étendra son lit de verdure et de fleurs ; au-delà du carré de quatre mille quatre-vingts mètres que couvrira la masse du Palais, la rue qui doit remplacer l'étroit sentier de Malconte et se diriger en droite ligne de la Plate-Forme au ponceau jeté sur le ruisseau de la Barlette, en isolant le Palais du quadrilatère occupé par les nouvelles Prisons.

Depuis des siècles, rien de pareil n'aura été fait pour l'embellissement d'une ville qui, lorsque tout alentour renaît et se transforme, semblait condamnée à une éternelle immobilité. D'un coup nous regagnons tout le terrain perdu. Agen, comme Lyon, comme Toulouse, a sa rue Impériale, et, du sol primitif de l'antique Aginnum, ainsi que l'avait prévu Napoléon Ier, une cité nouvelle sort pour se grouper autour du Palais qu'il occupa un jour et associer aux splendeurs du règne de son neveu la ville qui a gardé si profondément l'empreinte de son pas.